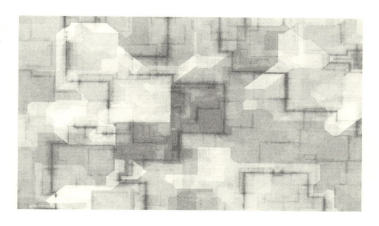

教養としての教育学

藤原政行 [編著]

北樹出版

は じ め に

　21世紀にふさわしい教育のあり方を話しあう有識者会議である政府の教育再生実行会議は、これまで8次にわたり提言をまとめている。第1次提言の「いじめの問題等への対応について」では、いじめを防止するための法整備、学校や家庭、地域が一丸となっていじめに向きあう体制作り、道徳の時間を教科化することを提案し、第2次提言の「教育委員会制度等の在り方について」では、首長に教育長の任免権を与えた上で、教育長に教育委員会の権限と責任を一体化するように改めることを求めている。その後も、高等学校の質の向上と大学入学者選抜改革、小中一貫教育の制度化、フリースクールなどの学校外の教育機会の位置づけの検討、「学び続ける」社会の実現、全員参加型社会の実現などの提言が出されている。このように、教育の改革を期待する声が高く、矢継ぎ早に改革案や提言が出され、さまざまな方針が示されているが、教育に関する問題は山積している。このような状況をふまえて、本書は、教育学に関する伝統的なテーマから現代的なテーマまでを幅広く取り扱っている。

　本書の構成は大きく二つのパートから成り立っている。第Ⅰ部の第1章「日本の教育の歴史と思想」では、わが国の近代以降の教育の歴史を概観することによって、その時代ごとに求められた教育のあり方について言及している。第2章から第4章においては、「西洋（欧米）の教育の歴史と思想」「教育の制度とその改革」「教育行政の原理と組織」の3分野を取り上げた。教育の制度とその改革に関しては、欧米以外にアジア諸国（中国・台湾・韓国）を設定し、それぞれの教育の制度の現状や問題点について明らかにした。教育行政に関しては、国および地方公共団体の教育行政制度の概要とその関係について考察している。

　第Ⅱ部では、第1章から第4章において「教育課程の編成」「学習指導（教育方法）の基礎」「教員養成と教職」「新しい教育課題」の4分野を取り扱っている。教育課程の編成に関しては、その概念や類型、学習指導要領の今日的意義について検討し、学習指導については、その類型、学習効果を高める教材（教科書）

iii

の使い方、板書の仕方について取り上げた。また、現在、情報化の進展に伴い学校に導入されている情報処理システムの活用とその課題にまで言及した。教員養成と教職に関しては、教員免許状制度の概要と大学における教員養成のあり方、そして、教員の資質能力の向上が求められている最近の教員養成の動向、特別支援教育・道徳教育と教員養成の課題について取り上げている。さらに、教育と現代社会とのあいだの「新しい教育課題」、つまり、コミュニティ・ボランティア・家族の多様化・問題行動・児童虐待・学校と社会との連携・生涯学習等を取り上げて、その課題解決に向けての方向性を明示した。

　本書は、主に教育学や教職課程を学ぶ学生を対象に編集されたものであるが小学校、中学校、高等学校等で日々教育実践に携わっている先生方、あるいは教育問題に関心をもたれている一般の方々の教養書としても利用できるように留意して編集したつもりである。

　学生、現職教員および一般の方々は、まず教育学に関する基本的知識を体系的に学ぶことができ、それから現代的な事象についての理解を深めることができるようになり、また、それとは逆に現代的な事象を手掛かりに教育学への関心を高めて、教育学の基本的知識についての理解を深めることができるよう編集した。願わくは、多くの読者の「教養としての教育学」の学習に少しでも参考になれば幸いである。

　最後に、本書を出版するにあたっては、厳しい出版事情にもかかわらず、その意向を全面的にご理解くださり、執筆作業に辛抱強く対応いただいた編集部の福田千晶さんに心より感謝とお礼を申し上げたい。

編者　藤原政行

Contents

＊ 第Ⅰ部 教育学の理論 ＊

第1章 日本の教育の歴史と思想 ………………………………… 2

第1節 明治期の教育 ……………………………………… 2

第2節 大正期の教育 ……………………………………… 5

第3節 戦時下の教育 ……………………………………… 7

第4節 教育の民主化と教育改革 ………………………… 8

◆コラム：今、教育改革に求められるもの (13)

第2章 西洋 (欧米) の教育の歴史と思想 ………………………… 14

第1節 市民革命期の教育と思想：ロック ……………… 14

(1) ロックの思想 (15) (2) ロックの教育思想 (15) (3) ロックの教育方法 (16)

◆コラム：『教育に関する考察』(17)

第2節 児童中心主義の教育と思想：ルソー ……………… 18

(1) ルソーの思想 (18) (2)『エミール』の自然人と自由 (19)

◆コラム：革命評議会　1791・93 年憲法 (21)

第3節 国民教育の思想

　　　　：ペスタロッチ、フレーベル、ヘルバルト ……… 21

(1) ペスタロッチの教育思想 (21) (2) フレーベルの教育思想 (24) (3) ヘルバルトの教育思想 (25)

第4節 民主主義の教育思想：デューイ …………………… 27

(1) デューイの教育思想 (27) (2) デューイの経験主義 (28)

◆コラム：アメリカ独立宣言 (29)

第5節 ホリスティックな教育と思想：シュタイナー ……… 29

(1)「ホリスティック教育」について (29) (2) シュタイナーの「人間本性」四分類 (31) (3) シュタイナー教育の「七年周期」説 (31)

第3章 教育制度とその改革 ……………………………………… 34

第1節 日本の教育制度とその改革 ……………………… 34

v

（1）学校制度の構造と類型（34）（2）わが国の学校制度（35）
（3）「教育を受ける権利」（39）（4）「教育の機会均等」（41）

第２節　欧米の教育制度とその改革 ……………………………………… 43

（1）アメリカ合衆国（43）（2）イギリス（46）（3）フランス
（49）（4）ドイツ連邦共和国（52）

第３節　アジアの教育制度とその改革 …………………………………… 55

（1）中国（55）（2）台湾（57）（3）韓国（58）

第４章　教育行政の原理と組織 ……………………………………………… 61

第１節　教育行政の基本原理 ………………………………………………… 61

第２節　国の教育行政のしくみと役割 …………………………………… 63

第３節　地方の教育行政のしくみと役割 ………………………………… 65

◆コラム：教育委員会制度改革の必要性（69）

＊　第Ⅱ部　教育学の諸問題　＊

第１章　教育課程の編成 …………………………………………………………… 70

第１節　教育課程とその類型 ………………………………………………… 70

（1）教育課程の概念（70）（2）教育課程の編成原理と類型（72）

第２節　教育課程の基準としての学習指導要領 ……………………… 74

（1）学習指導要領の特質と意義（74）（2）学習指導要領の変遷
（76）

第３節　教育課程の現代的課題 …………………………………………… 82

（1）道徳の教科化（82）（2）今日的課題（83）

第２章　学習指導（教育方法）の基礎 ……………………………………… 86

第１節　学習指導の類型 ……………………………………………………… 86

（1）教師主導型（87）（2）生徒主役型（88）

第２節　学習指導（教育方法）と教材・教具・板書（授業の計画と準備）… 89

（1）教材（89）（2）板書（91）

第３節　情報処理システムと教育 ………………………………………… 93

（1）情報処理システムとは（93）（2）情報処理システムの教育
への活用と問題点（94）

第４節　学習指導の現代的課題 …………………………………………… 96

第3章　教員養成と教職 ·············· 99

第1節　教員養成と教員免許状 ·············· 99

(1) 教員免許制度の概要 (99) (2) 大学における教員養成 (102)

第2節　教員の身分と役割 ·············· 103

(1) 教員とは (103) (2) 教員の種類と身分 (104) (3) 教員の役割 (107)

第3節　変わる教員養成 ·············· 108

(1) 教員養成の新動向 (108) (2) 特別支援教育と教員養成 (110) (3) 道徳教育と教員養成 (112)

第4章　新しい教育課題 ·············· 114

第1節　現代社会における教育課題 ·············· 115

(1) コミュニティ (115) (2) ボランティア (116) (3) 国際化 (117) (4) 情報化 (119)

第2節　家庭教育・地域の教育をめぐる課題 ·············· 120

(1) 家族の多様化 (120) (2) 問題行動 (121) (3) 児童虐待 (122)

第3節　生涯教育をめぐる課題 ·············· 123

(1) 学校と社会との連携 (123) (2) シニア世代のニーズ (125) (3) 「学ぶ場」の課題 (126) (4) 生涯学習行政・組織 (127)

教養としての
教　育　学

日本の教育の歴史と思想

　本章では、わが国の近代以降の教育の歴史を概観することによって、その時代ごとに求められた教育のあり方について理解したい。1872（明治5）年に「学制」を公布して近代的教育制度を発足させてから、わが国の教育は、幾多の教育課題に直面し、そのたびに解決を図りつつ教育を整備・拡充してきた。明治期の教育は、欧米主義的なものから儒教主義的なものに取って代わり、「教育勅語」の公布によって、教育の目的が明らかにされた。大正期には、自由主義的教育が実践されたが、明治期の国家主義的教育の枠組みから抜け出せず十分な発展をみることができなかった。昭和前期は、戦争完遂のための教化政策を全面的に引き受けることとなる。そして、戦後の教育改革は、その後の経済・社会の発展の原動力の主な要件の一つとして重要な役割を担った。

第1節　明治期の教育

　明治政府は、1872（明治5）年9月、**「学制」**を公布し近代的な学校制度を発足させた。「学制」は、「大中小学区ノ事」「学校ノ事」「教員ノ事」「生徒及試業ノ事」「海外留学生規則ノ事」「学費ノ事」の6篇109章からなっていた。教育行政組織の基礎として学区制を採用し、全国を8つの大学区に分け、各大学を32の中学区に、各中学区を210の小学区に分けて、大学区には大学、中学区には中学校、小学区には小学校を設けることとした。これによって全国に8大学、256の中学校、53,760校の小学校を設置するという壮大な計画であった。

　学制の基本理念は、「学制序文」とも呼ばれる「学事奨励ニ関スル被仰出書」（太政官布告第214号、「被仰出書」）に明示されている。「被仰出書」において、学問は「身を立てるの財本」であり、学校の教育目的は、「身を立て産を治め業を昌んにする」ことにあるとした。教育内容は、「言語書算を初め士官農商百

工技芸及び法律政治天文医療」等、実用的なものでなければならないとした。そして、新しい学校については、「一般の人民華士族農工商及び婦女子」の別なく学校に就学すべきであるとする国民皆学の考え方を打ち出し、「必ず邑に不学の戸なく家に不学の人なからしめん事を期す」と述べているのである。この「被仰出書」の理念は、欧米の近代思想に連なるものであり、個人主義、実学主義の教育観に立ったものであった。

　欧米の教育思想に基づいて展開された教育政策が、転換期を迎えるのは明治10年代であった。1879（明治12）年8月、明治天皇から下された「**教学聖旨**」（教学大旨、小学条目二件の二文からなる）は、明治初期以来の欧米主義教育を改め、儒教主義的復古思想による徳育重視の教育を目指したものであった。教学大旨は、最初に「教学ノ要、仁義忠孝ヲ明カニシテ、智識才芸ヲ究メ、以テ人道ヲ盡スハ、我祖訓国典ノ大旨、上下一般ノ教トスル所ナリ」と述べて、教学の根本は仁義忠孝を明らかにすることであるとし、道徳を重んずべきことを説いている。

　教学聖旨が示された同じ頃、学制に代わって「**教育令**」（**自由教育令**）が公布された。教育令は、小学校の設置を自由にし、就学義務を緩和するなど自由主義を基調とするものであったが、公布後わずか1年余りで改正されることとなった。1880（明治13）年12月、教育の自由化を改め徳育を重視する、いわゆる「**改正教育令**」が公布された。改正教育令は、小学校の教科を「修身読書習字算術地理歴史等ノ初歩トス」と規定し、修身科を教科の最上位においてその重要性を認識させた。これは、教学聖旨において示された徳育重視の考え方の教育課程への反映とみることができる。以後、修身科は各種法令において常に教科の最上位に位置づけられるようになった。このように、明治10年代の初期までには、徳育を中心にして、教育政策は決定的な方向に転換していった。

　1885（明治18）年、明治政府は内閣制度を施行し、行政機構を整備した。伊藤博文を首班とする内閣が成立すると、初代の文部大臣に**森有礼**が就任した。森は文相になるやただちに教育制度の大改革に着手し、翌年には「**帝国大学令**」「**中学校令**」「**小学校令**」「**師範学校令**」を制定し、国家主義的教育制度を創出した。森は、国民教育の目的は「善良ナル臣民」を育成することであり、忠君

第1章　日本の教育の歴史と思想　　3

愛国の精神に満ちた国家の発展に寄与しうる国民の育成にあるとした。そして、とりわけ師範教育は、全国の初等、中等教育に与える影響が甚大であるとの理由で帝国大学と並んで重視した。師範生徒の入学を推薦と試験の二種とし、師範生徒の理想的気質として**順良・信愛・威重**をあげ、その三気質を達成するために軍隊式の寄宿舎制度を採用し、兵式体操の導入を試みた。さらに森は、教科書検定制度の確立、学位制の創設、地方学事の視察制度の拡張などの教育政策を行った。

「教学聖旨」以来、仁義忠孝の徳育を中心とした「忠良ナル臣民」教育を目的とした国民教育は、**「教育ニ関スル勅語」**（教育勅語）の発布によって国民道徳の基本が明示され、ここに教育の目的が不動のものとなった。

教育勅語は、1890（明治23）年10月に公布された。教育勅語は全文315字の短文で、そこには当時の国家指導層の国民に対する要請がきわめて率直に表されている。すなわち、わが国は皇祖皇宗の遺訓（歴代天皇の教え）のお蔭で「我カ臣民克ク忠ニ克ク孝ニ億兆心ヲ一ニシテ」きた。これこそ世界に例を見ないわが「国体ノ精華」であって、国民教育の根本はここに置かなければならない。そして、国民が守るべき14の徳目をあげて、その履行を求めたのである。ここであげられている徳目は、「孝・友・和・信」などの儒教的な徳目だけではなく、「博愛・公益・国法遵法」などの近代的市民道徳と呼べるような徳目も含まれていた。しかし、これらすべての徳目は、国体を基軸にして「皇運」の扶翼に収斂するようになっていた。これ以後、教育勅語は国民教育の精神的支柱となり、教育万般にわたり絶対的影響力をもつようになった。なお、同年10月に改正された**「小学校令」**において、はじめて小学校の教育目的が「児童身体ノ発達ニ留意シテ道徳教育及国民教育ノ基礎並其生活ニ必須ナル普通ノ知識技能ヲ授クルヲ以テ本旨トス」と規定された。この「道徳教育」とは、孝行、正義、公平、博愛、遵法などの実践すべき徳目の指導を意味し、「国民教育ノ基礎」とは、国民的精神を育成し、児童を国民化する教育、すなわち愛国心教育を指している。

このように、森有礼文相によって、国家主義的教育の方向が打ち出され、その後、教育勅語の方針に沿った小学校の目的が定められたのである。

第2節　大正期の教育

　日露戦争後の日本は、公債（とくに外債）の負担、軍事費の増加による財政難に苦しみながらも、1910（明治43）年に韓国を併合し、1914（大正3）年には第一次世界大戦への参戦というように、帝国主義政策を推し進めていった。そこで政府は、新しい内外の情勢に対応する教育の方針を検討するため、1917（大正6）年9月、「臨時教育会議」を設置した。寺内正毅内閣直属の教育諮問機関として発足したこの会議では、教育制度の改革を図り、「国体ノ精華ヲ宣揚シ奉ラ」なければならないとの基本方針のもとに、国民教育の課題は「護国ノ精神ニ富メル臣民」の育成にあることをあらためて強調し、教育勅語を重視すべきであるとした。そして、諮問された小学校教育、男子高等普通教育、大学及び専門教育、師範教育、視学制度、女子教育、実業教育、通俗教育、学位制度の9つの事項について答申するとともに、「兵式体操振興ニ関スル建議」と「教育ノ効果ヲ完カラシムベキ一般施設ニ関スル建議」という二つの特別建議を行っている。この建議の主旨は、「国民思想ノ帰嚮ヲ一ニシ」「国体ノ本義ヲ明徴」にしなければ、教育の効果を完からしめることはできないとするものであった。

　臨時教育会議は、1919（大正8）年3月まで継続され、改革要綱が答申された。政府はその答申に従って教育改革を行い、以後、初等、中等、高等教育の著しい発展を見ることになる。

　日本も参戦した第一次世界大戦も英・仏・露・米の連合国側の勝利に終わった。そして戦後、世界各国に民主主義が波及していったが、この波は日本にも急速に波及し思想運動として国民の政治意識、社会意識に大きな影響を与えた。こうした時代の思想を背景に、教育界においても、それまでの国民教育が特徴とした画一的・注入主義的教育を批判して、子どもの自発性や個性を尊重しようとする自由主義的な教育の考え方が一つの運動として展開された。これが大正期の**自由教育**（**新教育**）**運動**である。この児童の自発性や個性を重視する教育思想は、明治末頃から紹介されていたが、そのなかで注目すべきはスウェーデンの思想家エレン・ケイ（Key, E. K. S.）の自由主義思想であり、その著書『児童の世紀』の全訳が紹介され、また、ドルトン・プラン（Dalton Plan）、プロジ

ェクト・メソッド（Project method）などの新教育思想が紹介され実験的に実施されていた。さらに、ウィネトカ・プランの創始者であるパーカスト（Parkhurst, H.）やウォシュバーン（Washburne, C. W. ）というアメリカの教育家が来日し、自由教育（新教育）運動に拍車をかけた。

　日本では、1917（大正6）年に沢柳政太郎が**成城小学校**を創設したことが、大正期の教育界に新しい動きを示すことになった。成城小学校の「創設趣意書」は、「今こそ此の固まりかけた形式の殻を打砕いて教育の生きゝした精神から児童を教育すべき時であろうと思ひます。実に我国現今の教育は小学校教育のみならず、あらゆる方面に互つて種々の意見に於て革新を要望されてゐます」と述べ、「一、個性尊重の教育　二、自然に親しむ教育　三、心情の教育　四、科学的研究を基とする教育」を教育方針として掲げ、実践が行われた。

　その他に、西山哲治の**帝国小学校**、中村春二の**成蹊実務学校**、河野清丸の**日本女子大学豊明小学校**などの新学校において、自由主義的な教育が実践された。

　このように日本の自由教育（新教育）運動は、初期の頃文部省の干渉の比較的少ない私立学校において行われるが、その後、この運動は官公立の学校にまで拡大されていった。その主な例をあげると、1919（大正9）年には**千葉師範付属小学校**の主事手塚岸衛を中心に「自由教育」が展開され、同じ年には、**奈良師範付属小学校**の主事木下竹次の指導の下で、「合科学習」が実践されている。手塚は「一、実力主義　二、自由研究　三、立憲的活動」を教育方針とし、全学年全学級にわたって、教授における自学、訓練における自治、経営における自由を掲げて、実践を行った。木下は著書『学習原論』（1913年）において「学習とは学習者自らが教師の下に或る整理された環境の中にあって、自ら機会を求め、自ら刺戟を与え、自ら目的と方法を定め、社会に依拠して社会的自我の向上と社会文化の創造とを図っていく作用」であると定義し、従来の教授法の"教える"のではなく、"学ばせる"のであるとする実践を行った。そして、全生活が学習機会であるとする「生活即学習」を主張して、教科の枠をはずした「合科学習」という学習形態を作り出した。しかし、この自由教育（新教育）運動は一時的な隆盛をみたが、結局、明治以来の天皇制下の政治の枠組み、教育現場を干渉する教育法規、国定教科書制度、視学制度などの制約を受けて十分な

発展をみることができなかった。そして、自由教育（新教育）を実践した教員側は政府の干渉・圧迫に対してほとんどみるべき抵抗をなしえないまま、昭和初期の国家主義体制のなかに吸収されていった。

第3節　戦時下の教育

　1931（昭和6）年の満州事変、1937（昭和12）年の日中戦争以降、わが国は戦時体制へ突入し、超国家主義の時代を迎える。そのなかにあって教育は、こうした戦時体制へ国民を収斂させていくための積極的推進役を担わされることになる。政府は、大正から昭和初期にかけての思想問題をおさえて、戦時体制へ向けて人心を「国体」に帰一させる必要があった。そのために、**「国体観念」**と**「日本精神」**を基本にして教学の刷新を図ろうとした。

　1935（昭和10）年、**「教育刷新評議会」**が設置され、「祭祀ト政治ト教学トハ、ソノ根本ニ於テ一体不可分ニシテ三者相離レザルヲ以テ本旨トス」との答申が出された。これは教育および学問が、政治や祭祀と一体化すべきであることを明らかにしたものである。この答申に基づいて、1937（昭和12）年に文部省に教学局が設置され、同じ年には、政府の国体観を明らかにした**『国体の本義』**が刊行されて、国体観念、日本精神を根本とする国民思想が徹底されていった。

　そして、1937（昭和12）年12月、戦時体制下の教育制度・内容を改革する具体的方針を明らかにすることを目的に**「教育審議会」**が設置された。同審議会では、青年学校義務制の問題から始まり、国民学校、師範学校、幼稚園、中等学校、高等教育、社会教育、教育行財政などに関して審議答申を行った。この答申に基づいて、1941（昭和16）年**「国民学校令」**が公布された。制度的には、義務教育機関が2年延長され、初等科6年、高等科2年の計8年制の義務教育となった。その内容については、国民学校令第1条において「国民学校ハ皇国ノ道ニ則リテ初等普通教育ヲ施シ国民ノ基礎的錬成ヲ為スヲ以テ目的トス」と定められた。この「皇国ノ道」とは、教育勅語に明示した皇国の道、すなわち、「斯ノ道」（皇運扶翼の道）をすべて包含するものであると説明された。そして、国民の錬成を目標に、大胆な教科の統合が行われ、国民科（修身・国語・国史・

第1章　日本の教育の歴史と思想　　7

地理）、理数科（算数・理科）、体錬科（武道・体操）、芸能科（音楽・習字・図画・工作・裁縫）、実業科（農業・工業・商業・水産）の5教科に編成された。とくに、国民科は「国体ノ精華ヲ明ニシテ国民精神ヲ涵養シ皇国ノ使命ヲ自覚セシムル」ことを目的とし、各教科の中核となった。

1941（昭和16）年12月、太平洋戦争に突入し、否応なしに挙国一致の総力戦に直面せざるをえなくなった。そこで政府は、1943（昭和18）年10月に「教育ニ関スル戦時非常措置方策」を決定した。この措置方策によって、大学・高等学校・専門学校・中等学校の在学年限が短縮され、学徒の勤労動員期間も延長された。そして、戦局が深刻化する状況の下で、1944（昭和19）年には**「学徒勤労令」**が公布され、学徒はすべて学業を放棄して軍需工場や軍事関係の工場、あるいは農村に労働力として動員されることになった。

1945（昭和20）年3月には、ついに「決戦教育措置要綱」を決定し、全学徒を決戦に必要な仕事に動員するため、国民学校を除いてすべての学校の授業を1年間停止することを定めた。続いて、5月には**「戦時教育令」**が公布され、学徒の本分は「戦時ニ緊要ナル要務ニ挺身」することであるとされた。こうして、わが国の教育は機能を停止したまま終戦を迎えることになった。

▪▪ 第4節　教育の民主化と教育改革

1945（昭和20）年8月、わが国は、ポツダム宣言を受諾し太平洋戦争は終結した。同年9月、政府は独自の判断で、教育に関する戦時特例的諸規定と軍事教育に関する諸規定を廃止し、通常の学校教育に回復するための措置をとるとともに、**「新日本建設ノ教育方針」**を公表した。その内容は、「益々国体ノ護持ニ努ムルト共ニ」「平和国家ノ建設ヲ目途」とするというものであった。このような政府の姿勢に対して、GHQ（連合国軍総司令部）は、同年10月、**「日本教育制度ニ対スル管理政策」**を指令した。以後、同年暮れまでに、日本の教育から超国家主義的要素を根こそぎ排除するための指令として「教員及教育関係者ノ調査・除外・認可ニ関スル件」「国家神道・神社神道ニ対スル政府ノ保証・保全・監督並ニ弘布ノ廃止ニ関スル件」「修身・日本歴史及地理停止ニ関スル

件」を発している。続いて、GHQ は日本の教育制度の全面的、抜本的改革を意図してアメリカから教育使節団を招いた。1946（昭和21）年3月、ストダート（Stoddard, George D.）を団長とする27名の教育使節団が来日し、総司令部教育関係官、日本側の教育関係者と協議を重ね、全編6章からなる**「第一次米国教育使節団報告書」**を作成し帰国した。この報告書の要旨は、教育目的の自由主義化と個人主義化、そのための教育課程の全面改訂、6・3制の単一的系統の学校制度の樹立、教育行政における地方分権と公選による教育委員会の創設、画一主義的な教育内容・方法および教科書の改善など、教育の全面的な改革の必要性を要望、勧告している。

政府は、同年8月、教育制度改革の諮問機関として**「教育刷新委員会」**を内閣に設置した。この委員会は、その後、1949（昭和24）年に「教育刷新審議会」に、1952（昭和27）年には**「中央教育審議会」**に改組され、新教育制度の制定にあたって重要な役割を果たした。

1947（昭和22）年3月、教育刷新委員会の建議に基づいて**「教育基本法」**および**「学校教育法」**が制定された。教育基本法の前文には「われらは、個人の尊厳を重んじ、真理と平和を希求する人間を育成するとともに、普遍的にしてしかも個性豊かな文化の創造をめざす教育」を新しい日本の教育の基本とするとある。教育の目的は、第1条において「教育は、人格の完成をめざし、平和的な国家及び社会の形成者として、真理と正義を愛し、個人の価値をたっとび、勤労と責任を重んじ、自主的精神に充ちた心身ともに健康な国民の育成を期して行われなければならない」と定め、第2条以下には、教育の方針、教育の機会均等、9年の義務教育、男女共学、学校教育、社会教育、宗教教育、政治教育、教育行政などの理念・性格が規定された。学校教育法は、小・中学校、高等学校など、学校の段階や種別に応じて、その目的・目標が定められた法律であり、教育基本法の教育理念を各学校の種類に応じて具体化したものである。

1950（昭和25）年に勃発した朝鮮戦争による特需は、日本の経済的な復興の足がかりになった。しかし、この戦争によりアメリカの対日政策は、軍国主義撤廃を中心とするものからアジアの共産主義の防波堤としての日本の構築を目的とするものに転換された。それは、日本の教育の方向をも新制度による教育

とは別の方向に転ずる重大な契機となった。同年8月には、再びアメリカ教育使節団が来日し、1ヵ月間の教育視察の後、**「第二次アメリカ教育使節団報告書」**をGHQに提出している。この報告書のなかで、日本の教育がとくに重視しなければならないのは「道徳教育及び精神教育」であると説き、それは学校の全教育課程を通じて行うべきであるとした。

　このような情勢のもとで、教育政策としてまず登場するのが道徳教育の振興であった。文部省は、同年12月に**「教育課程審議会」**（教課審）に対し、道徳教育振興について諮問した。翌年1月、教課審は、文部省が道徳教育のための手引書を作成すべきであると答申した。その後、二度の諮問を経て、1958（昭和33）年3月、教課審は道徳教育を含む「小学校・中学校教育課程の改善について」という答申を出し、1958年度から「道徳」の時間を特設し道徳教育の充実を図ることにした。そして、アメリカの対日政策の転換後、次に問題になったのは、教育の保守と革新の対立である。それは、1954（昭和29）年にいわゆる教育の中立性の問題として登場し、教員の政治活動を規制することを目的に、**「教育二法」（「義務教育諸学校における教育の政治的中立に関する法律」「教育公務員特例法の一部を改正する法律」**）が制定された。また、1956（昭和31）年6月には、**「地方教育行政の組織及び運営に関する法律」**が制定され、教育委員の公選制の廃止、教育長任命に関する文部大臣の承認など文部省の権限が強化された。これらは、戦後の教育改革の理念からは逆行するものであった。

　1960年代からわが国は経済の高度成長の時代へ、そして、1970年代の後半には経済の安定成長の時代へと移行した。また、この頃から所得水準の向上やベビーブームなどによって後期中等教育、高等教育への進学希望者が増加し、教育の多様化が求められ、教育改革が検討・実施されるようになった。

　1971（昭和46）年6月、戦後の新しい教育制度が20年を経過した時点で、**「中央教育審議会」**（中教審）は、**「今後における学校教育の総合的な拡充整備のための基本的施策について」**（四六答申）という答申を出し、初等中等教育から高等教育に至る多岐にわたる改革について提言した。文部省では、中教審の答申を受けて、各種審議会などの意見をふまえ、実現可能な提言から実施に移した。その主なものは、初等中等教育の教育内容の精選、小中高校の一貫等を趣旨と

10　　第Ⅰ部　教育学の理論

する学習指導要領の改訂、公立学校の学級編成・教職員定数の改善計画、高等教育制度の多様化・弾力化のための制度の整備などである。この四六答申は、その後の臨時教育審議会など各種審議会の提言やそれを受けた教育改革の実施に大きな影響を及ぼしている。

　1970年代の中頃になると、核家族化や都市化の進展を背景として、家庭の教育力の低下、受験競争の低年齢化、児童生徒の教育環境の悪化などが進み、青少年非行、小・中学校におけるいじめ、登校拒否、校内暴力などの教育問題が社会的に大きな関心事となった。こうした教育の荒廃に対して、もはや文部省だけで対応すべきではなく、政府全体としてこの問題に取り組むべきであるとする考え方が次第に強くなってきた。

　1984（昭和59）年3月、教育改革に取り組むための総理大臣直属の諮問機関として**「臨時教育審議会」（臨教審）**が設置された。臨教審は、「我が国における社会の変化及び文化の進展に対応する教育の実現を期して各般にわたる施策に関して必要な改革を図るための基本施策について」という包括的な課題のもとに審議を重ね、4次にわたって教育改革に関する答申を出している。

　とくに、1987（昭和62）年8月の第4次答申（最終答申）では、教育改革にあたってもっとも重視しなければならない基本的な原則を三点取り上げている。

　その第一は「個性重視の原則」（画一性、硬直性、閉鎖性を打破し、個人の尊厳、自由・自律、自己責任の原則を確立すること）、第二は「生涯学習体系への移行」（学校中心の考え方をあらため、生涯学習体系への移行を主軸とする教育体系の総合的再編成を図ること）、第三は「変化への対応」（教育が直面しているもっとも重要な課題である国際化・情報化への対応を図ること）である。

　政府は、臨教審の答申を受けて、同年10月、「教育改革に関する当面の具体的方策について―教育改革推進大綱―」を決定し、改革を推進することにした。学校教育についての具体的な施策をみると、単位制高等学校の創設、定時制・通信制課程の修業年限の弾力化、教科書制度の改革、教育内容の改善などがあげられる。とくに、初等中等教育の教育内容の改善については、1987（昭和62）年12月、教育課程審議会答申**「幼稚園、小学校、中学校及び高等学校の教育課程の基準の改善について」**を受けて、1989（平成元）年、幼稚園教育要

第1章　日本の教育の歴史と思想　　11

領および小学校・中学校・高等学校の**「学習指導要領」**の改訂が行われた。

　また、教育課程審議会は、1998（平成 10）年 7 月、**「幼稚園、小学校、中学校、高等学校、盲学校、聾学校及び養護学校の教育課程の基準の改善について」**答申を行った。これを受けて、文部省は同年 12 月、小学校・中学校の「学習指導要領」を改訂し、翌年 2 月、高等学校の「学習指導要領」を改訂した。その特徴は、2002 年度から実施される完全学校週 5 日制のもとで、各学校がゆとりのある教育活動を展開し、子どもたちに**「生きる力」**を育むため、4 項目の基本的視点をあげている。①豊かな人間性、社会性、国際社会に生きる日本人としての自覚の育成を重視する。②多くの知識を教え込む教育を転換し、子どもたちが自ら学び自ら考える力を育成する。③ゆとりある教育活動を展開する中で、基礎・基本の確実な定着を図り、個性を生かす教育を充実する。④各学校が、創意工夫を生かし特色ある教育、特色ある学校づくりを進める。これらを達成するために、教育内容の厳選、各学校段階の役割の徹底、授業時間数の大幅な削減（年間 70 単位時間）、学校による教育課程の自主編成、**「総合的な学習の時間」**の創設、学習時間の弾力化、選択教科制の充実などを明示している。

　そして、**文部科学省**（中央省庁の改革により文部省と科学技術庁が統合）は、2001（平成 13）年 1 月、「21 世紀教育新生プラン」を決定し、教育基本法の見直しに着手することを明らかにした。同年 11 月、中教審に「教育振興基本計画の策定について」「新しい時代にふさわしい教育基本法の在り方について」を諮問した。これに対して、中教審は 2003（平成 15）年 3 月、「新しい時代にふさわしい教育基本法と教育振興基本計画の在り方について」を答申した。これを受けて、2006（平成 18）年 12 月、**「教育基本法」**が改正され、公布・施行された。改正された教育基本法は、前文と 18 の条文からなり、旧教育基本法の男女共学（旧第 5 条）を削除し、あらたに、生涯教育（第 3 条）、大学（第 7 条）、私立学校（第 8 条）、教員（第 9 条）、家庭教育（第 10 条）、幼児期教育（第 11 条）、学校・家庭・地域社会の連携（第 13 条）、教育振興基本計画（第 17 条）を付け加えている。第 1 条の教育の目的は、旧法の「個人の尊厳」「人格の完成」「平和的な国家及び社会の形成者」の育成にあるとする基本理念を受け継ぎ、第 2 条では、教育の目標として「幅広い知識と教養」「真理を求める態度の養成」「豊かな情

操と道徳心の啓培」「健やかな身体の養成」「個人の価値の尊重」「個人の能力の伸長」「創造性の啓培」「自主・自律の精神の養成」「勤労を重んずる態度の養成」「自他の敬愛と協力の重視」「公共の精神」「環境の保全に寄与する態度の養成」「伝統と文化の尊重」「我が国と郷土を愛する態度の養成」「国際社会の平和と発展に寄与する態度の養成」とすることなどと定めた。

　以上のように、戦後の新しい教育制度のもとに、わが国の教育は、著しい普及発展を遂げ、科学技術の進歩や経済の高度成長の原動力となって、社会の発展に大きな役割を果たしたのである。

（藤原　政行）

【コラム：今、教育改革に求められるもの】

　日本の教育が抱える問題は、日本の社会が抱える問題の一環であり、日本の教育の危機は日本の社会の危機である、といわれている。この教育の危機を克服すべく、政府は、臨時教育審議会、中央教育審議会、教育改革国民会議、教育再生会議、教育再生懇談会、そして、今、教育再生実行会議を設置し審議を重ね、教育理念、教育目標、教育内容、教育制度、教育行財政制度などのすべてにおいて改革を進めている。たとえば、初等中等教育改革については、中・高一貫6年制の中等教育学校の創設と通学区制度の弾力化、学校週5日制と教育課程の基準の改訂、教員養成・免許・研修制度改革については、実践的指導力の向上をねらいとする教員養成カリキュラムの再編、現職教員を含む免許更新制の導入、教育行政改革については、地方分権の推進による教育委員会制度に関する法改正、高等教育改革については、大学等の教育研究体制の弾力化・多様化、大学の管理運営体制の改編、国立大学の法人制度の発定などがある。

　今まで、教育改革は、政府主導で進められてきた。教育改革は、国家・社会がこれまで選択してきた諸価値・諸目標などを根底から見直すという大きな作業だけに、これからは、国民の合意を得た教育改革を進めることが必要であると思われる。

（藤原　政行）

西洋（欧米）の教育の歴史と思想

　現在世界中で多くみられる公教育思想や学校教育の理念やしくみは、西洋（欧米）の教育の歴史と思想を基盤にすることが多い。とくに、近代市民革命期の平等と自由の権利思想からは、誰もが等しく教育を受け、学ぶ権利があるという考えが導かれ、今日の教育の基礎がつくられた。そのため、市民革命期の思想は教育と学校を理解する時に重要なものとなる。

　市民革命とは、17世紀のイギリス革命、18世紀のアメリカ独立革命、フランス革命が典型であり、市民階級（ブルジョア）が、それまでの王制に代わり、資本家が社会の支配的階級であるとする資本主義の発展をめざして、この考えを阻害するものを排除しようとした社会変革運動である。その結果、近代的国民国家の体制が構築され、国民の間に平等と自由の権利が示された。

第1節　市民革命期の教育と思想：ロック

ロック（Locke, J. 1632〜1704）はイギリスの政治思想家、哲学者（イギリス経験論の父）で、その思想は政治、宗教、世俗性、認識論など広範に及び、近代ヨーロッパの啓蒙主義やリベラリズム、立憲主義やデモクラシーにも関係する。ロックの時代は伝統的な統治制度が崩壊し、あらたに市民社会へ移行する時で重商主義による国家の存立根拠が問われている時期であった。そのため、ロックの教育論は次社会の統治や政治と密接なかかわりをもつ教育論となり、統治者たる**ジェントルマンの教育論**（紳士教育）と**貧民教育論**に2分された。

ロック, J.

(1) ロックの思想

　ロックの政治的思想は著書『統治二論（市民政府二論）』（1690年）に詳しいが、その内容はアメリカ独立革命やフランス革命に影響を与えたこともあり、今日も十数言語に訳され多くの大学で政治学の入門書のひとつに位置づけられている。ロックはそのなかで、人は自然状態でもっている幸福や平和、自由や財産権の一部を契約によって政府に委譲している（社会契約説）。そのため、政府が人の自由等を侵害する場合、人民は政府を変更できる抵抗権や革命権をもつとした。彼はこうした考えに基づいて名誉革命を正当化し、その思想は市民革命に影響を与えた。そうした思想のなかでロックは、国王支配による絶対主義後に、王権排斥を実施した議会による政治と社会体制の統治に必要なもののひとつに教育をあげた。そして、こうした社会変動期の統治者としてジェントルマンを位置づけ、その教育方針を『教育に関する考察』（1693年）で示した。

　ロックの人間観については哲学的議論や経験論的な認識論が、その後の教育可能性論や教育万能論、遺伝論、環境論などに影響を与えている。『人間知性論』（1690年）や前述書などの著作のなかで、当時の生得観念を否定し、人間の心は生まれた時は白紙（タブラ・ラサ）や変形自在な蜜蝋の状態で生まれるとした。そこには刻み込まれた観念や原理はなく、その後の経験によって白い紙面が埋められ描かれて、観念が書き込まれると考えた（経験論的な認識論）。そのため、人間は誕生後の教育によってさまざまな観念を獲得していくので、誤った知識を与えれば誤ったままとなり注意すべきであるとした。その一方で、正しい知識を教育すれば誰しもが立派な人間になる（教育万能論）かというと、現実は必ずしもそうならないことも示している。

(2) ロックの教育思想──ジェントルマン教育と貧民教育論

　ロックのジェントルマンの教育思想は『教育に関する考察』に明示されている。この本の冒頭には「あるジェントルマンのために……」とあり、友人から子どもの教育について相談されたロックが紳士教育に対する考えをまとめて出版したものである。内容はいかに子どもを優れたジェントルマンにするかという紳士教育論で、父親とその監督下にある家庭教師による私的教育論となって

いる。ジェントルマンは、当時イギリスで貴族と独立自営農民の中間に位置する社会階層で、土地の所有を通して財産を有し、名望家として大地主や地方判事、下級議員を担うなど地方行政をささえる存在であった。ロックは市民革命による新しい時代の統治や、当時の重商主義が求める実務や技術に適した有能な人材に、このジェントルマンの存在が該当し、彼らが教養ある有能な実務家である必要があると考えた。そのためには教育が必要であるが、当時人文学者が提唱した古典や詩や音楽といった既存の教育内容、また鞭による罰など、単に因習的で威圧的な教育方法を否定した。そして地理や法律などの実学を提唱し、幼少期からの習慣の形成による教育を主張し家庭教育の重要性を説いた。また、徳を形成し有徳で勤勉な実務家たるジェントルマンの育成も目指した。

さらに、ロックは公権力による貧民の教育も提案している。中世、宗教改革以前の封建社会では救貧は善行で慈善とされ、個人や教会などが積極的に文物を貧困者に与えていた。しかしその後、労働は神聖な義務であり、貧しさは怠惰によるといった考えが広がり、封建制度の解体とともに浮浪者などが急増した。そして、当時の王室などの統治者は貧民を法により働ける者と怠惰で働かぬ者などに分け、後者には鞭打ちや強制的な労働などの罰を与え、大きな社会問題となっていた。

このような社会状況で、ロックは行政政府の委員として貧民対策の検討に従事しており、「労働学校案」という政策を提出した。その内容は、イギリスの全教区に労働学校を設置し、そこに貧困な3〜14歳の子どもを親から切り離して収容し、手仕事などの生産的労働に従事させるとともに、勤勉な労働心、**道徳心**、宗教心、**しつけ**などを身につけさせ、社会の生産性を増大させて国家を豊かにするとともに治安を安定させて社会問題を軽減させるというものであった。救貧問題と教育問題を関連づけたのである。

(3) ロックの教育方法

ロックは、人がそれぞれ異なる言動や性格を表すのは、その人が受けた教育や印象が影響することによるものと考えた。とくに幼少期の印象がその後の人生に大きな影響をもつとした。そのため、まず幼少期の教育で重要なのは**身体**

を健康に保つことで、その維持のためには習慣化が必要で、教育には学びの**習慣形成**が必要とした。また、習慣の形成が有徳の形成につながるとも説いた。その形成にあたっては規則による管理や注意の反復ではなく、日々の身体の鍛錬や服装、食事、などについての望ましい行為の反復によって善い習慣が形成されるとした。その結果、自己で善悪の判断や、欲への抑制やコントロールをおこなえる徳が身につき、理性的で自己抑制的な理想的な人間が育成されると考えられた。

(永塚　史孝)

【コラム：『教育に関する考察』】

『教育に関する考察』は子どもの日常生活の場面を題材にわかりやすく教育を説いている。たとえば、健康な身体に宿る健全な精神。子どもは冬でも暖か過ぎるほど着込むべきではない。人の顔は出生時に身体の他の部分と同様に軟らかいが、やがて硬さや寒さに耐えられるようになる、これは慣れによるものである。子どもの食事はあっさりとしたものが良く、とくに2〜3歳児は肉類を控えるべきである。朝昼晩の食事時間に慣れると、仮に食事がとれない時にはいらいらするので食事は不定期にすべきである。子どもの成長と健康には充分な睡眠が必要で、幼少より朝の早起きが習慣になれば、大人になっても、うとうとと無駄な時間を費やさない。子どもに習字の練習を続けさせるのではなく、図画を練習させる必要がある、図画は文字で表現し理解させにくいことも二三本の線の組合せで伝えられる。

(永塚　史孝)

(ロック、服部知文訳『教育に関する考察』岩波文庫 2013 より筆者要約作成)

【引用・参考文献】

ロック著、加藤節訳『完訳 統治二論』(Two Treatises of Government) 岩波書店、2010 年
ロック著、服部知文訳『教育に関する考察』(1693、Some Thoughts Concerning Education)、岩波書店、1967 年
春山浩司『近代教育の発見・ロックとルソーの市民教育論』有斐閣、1981 年

第2節　児童中心主義の教育と思想：ルソー

(1) ルソーの思想

　人間の形成としての近代教育は、ルネッサンス期になり登場した。ルネッサンス以前の教育は、身分階級に基づき分化しており、騎士、農民、商人、職人など、身分に応じた教育が行われていた。

　中世の学校は、人間形成を目的とするものではなかった。つまり、中世の学校とはキリスト教の聖職者を養成するためのものであったために、経典理解に必要なラテン語習得などを学ぶことに限られていた。

　ルソー（Rousseau, J. J.　1712～1778）は、スイスのジュネーブで時計職人の子として誕生した。ルソーは16歳の時、故郷を出て放浪生活をした後、フランスに落ち着き執筆活動に専念した。ルソーは没後も、フランス革命に影響を与えるなどその功績が評価され、フランス国民の英雄たちを奉るパンテオンでも一際目立つ場所に葬られている。

　ルソーは『**社会契約論**』（1762）で、「人間は自由なものとして生まれた。しかもいたるところで鎖につながれている」（P.15）と述べている。ルソーの指摘によれば、社会というものは、人間に不平等なものである。人間の利己心を生み出す原因は、人間一人ひとりにあるのではなく、人間同士を結びつけている社会の不平等のなかにある。人間社会のなかから不平等がなくなることは絶望的である。それゆえに人間は**自由**を失うものだとルソーは考えた。

　人間とは、本源的な情念として「自己愛」をもつことを前提とする。その自己愛とは、他者と比較することにより必然的に競争心を煽るものである。他者に対する競争心により、人間の心のなかには、虚栄心、傲慢、嫉妬、羨望、卑屈、憎悪などという、あらゆる利己心が芽生え、時間とともにそれらの要因が成長して、肥大化していくことになると考えた。

　自己愛とは、自分独りだけでいる時に生じるものではない。他者と交わることにより、生まれるものであ

ルソー, J. J.

る。他者とのかかわりとは、自分で望むものだけでなく、人間であれば否応もなく社会と関与しなくてはならないことから、巻き込まれるものである。人間は生まれた瞬間から、社会秩序を形成している長い鎖の最初の輪のようなものにつながれているのだとルソーは考えた。この社会というものは、富の不平等、権力の不平等、身分や地位の不平等、個人的な能力の不平等などさまざまな不平等に満ちた社会である。

(2)『エミール』の自然人と自由

　人間（homme）の教育を強調する書『エミール』において、ルソーは主人公エミールには、貴族でも聖職者でもなく、ただひたすら「人間」であることを求めている。私がエミールにあたえたいと思っているただ一つの職業は「人間」であると、ルソーはくり返し主張している。

　また、ルソーは、『**人間不平等起源論**』のなかで理想の人間像として、「**自然人**」（l'homme naturel）を想定した。ルソーは、「自然人」を以下のように描写している。

> 森の中をさまよい、器用さもなく、言語もなく、住居もなく、戦争も同盟もなく、少しも同朋を必要ともしないばかりでなく彼らを害しようとも少しも望まず、おそらくは彼らのだれをも個人的に見覚えることさえけっしてなく、未開人は、ごくわずかな情念にしか支配されず、自分ひとりで用がたせたので、この状態に固有の感情と知識しかもっていなかった。彼は自分の真の欲望だけを感じ、見て利益があると思うものにしか眺めなかった。そして彼の知性はその虚栄心と同じように進歩しなかった。偶然なにかの発見をしたとしても、彼は自分の子供さえ覚えていなかったぐらいだから、その発見をひとに伝えることは、なおさらできなかった。技術は発明者とともに滅びるのがつねであった。教育も進歩もなかった。世代はいたずらに重なっていった。そして各々の世代は常に同じ点から出発するので、幾世紀もが初期のまったく粗野な状態のうちに経過した。種はすでに老いているのに、人間はいつまでも子供のままであった。（『人間不平等起源論』p. 80）

　つまり自然人とは、定住せずに放浪生活をしながら、持続的な労働せず感覚だけで生きているので、欲望は身体的な最低限の自己保存の欲望（食欲・性欲・

休息）のみである。丈夫な身体だけが、自由になるための唯一の道具である。私有の観念もないために土地所有、富の蓄積にも興味を示さないため富をめぐる争いはない。自然人を構成しているのは、自己愛と良心という二つの生得的な人間本性のみである。

　しかしいつまでも自然状態のうちに生きる自然人でいることはできないのが人間であるので、市民として生きてゆくための教育論を『**エミール**』を通して提起することになる。エミールは15歳までは、自然人の概念に基づき物体的な自然についての知識しかもたずに育てられる。エミールにおいて提唱される「**消極的教育**」とは、「万物をつくる者の手をはなれるときすべてはよいものであるが、人間の手にうつるとすべてが悪くなる」（『エミール』（上）p. 23）という前提のもとに教育される。それゆえに子どもには、なるべく多くの真の自由を与え、おとなの支配力を抑制し、自立させなるべく他者の助力を要求しないようにさせることである。自然本性が与えた力をすべて使わせる。また知性や力で欠けているものは補ってやること。気まぐれや理由なき欲望は退け、必要な欲求だけを満たすこと。自然本性による要求と臆見による要求を見分ける力を養うことである。ルソーは、教育には、自然・人間・事物による三種類があり、これら三種が一致することが必要だと説いている。

　以上の点を採り入れることにより、アプリオリに内在している良心を陶冶することで、祖国愛や、共同体の一員であるという自覚をはぐくみ、犠牲と奉仕の精神を養うことによって利己心を抑えることができる。少年期まで自由人として過ごすことで、青年期になり社会のなかで生きてゆかなくてはならない資質をこの時期に備えることができると、ルソーは説いた。

（雨宮　久美）

【引用・参考文献】

ルソー著、桑原武夫・前川貞次郎訳『社会契約論』岩波書店、2015 年
ルソー著、今野一雄訳『エミール』（上）（中）（下）岩波書店、1962 年
ルソー著、本田喜代治・平岡昇訳『人間不平等起源論』岩波書店、1972 年
今井康雄『教育思想史』有斐閣、2009 年
林信弘『「エミール」を読む』法律文化社、1987 年
坂倉裕治『ルソーの教育思想』風間書房、1998 年

【コラム：革命評議会　1791・93年憲法】

フランス革命時の「フランス人権宣言（人間および市民の権利の宣言）」(1789) により、自然権としての人権（自由、平等、抵抗権）の保障確認とその維持は政府の義務とされ、国民主権、権力の分立（三権分立）、私有権の認定など近代立憲主義を構成する諸原理も示され採択された。その人権と市民権をふまえて、1791年にフランスで最初の憲法で、世界初といえる立憲主義的な成文憲法が制定された。その憲法は前文に先の「人権宣言」を掲げ、立憲君主制、納税額による選挙権、一院制議会などを規定し、君主制ではあったが議会の優位性を特徴とした。教育面では、民衆に対する公教育の無償が掲げられた。さらに、1795年憲法の一環として「公教育の組織に関する法令」が作成された。その間、革命評議会などでは国家がいかに公教育の組織化を進めるかがさかんに検討され、コンドルセの公教育計画などさまざまなものが提出された。

（永塚　史孝）

第3節　国民教育の思想
：ペスタロッチ、フレーベル、ヘルバルト

　18世紀後半イギリスの綿工業の技術革新から始まった産業革命は世界中に拡大し、世界の経済・社会構造に変革をもたらし世界の一体化をもたらした。従来、ヨーロッパでは庶民の初等教育は教会や私的に展開されていたが、19世紀前後には国家が教育に関わり公立学校を運営するなどの形態が出現し、その運営や教育内容や方法が課題となっていた。

(1) ペスタロッチの教育思想——人と今日の意義

　ペスタロッチ（Pestalozzi, J. H.　1746～1827）はスイスの教育家、教育実践家、思想家、「民衆教育の父」といわれている。社会変革や産業革命などにより家族や共同体が変容するなかで、家庭と学校教育による教育機能の充実などによって人間的救済や社会変革を目指し、教育思想と教育実践をともに展開した。

　ペスタロッチは、5歳の時に外科医兼眼科医の父が他界し、母の手で愛情豊かに育った。それは後に家庭

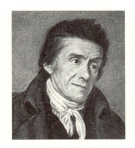

ペスタロッチ, J. H.

教育における母親の重要性の思想に影響する。その後、牧師の叔父の影響で当初は大学で神学を専攻したが、ルソーの『エミール』とくに「自然に帰れ」の思想に感化され、貧困者や下層市民の代弁者を志して法律学に転向する。しかし、健康上の理由から修学を断念し、ノイホーフ（新農場）を開き農業経営者となるが、不作や素人経営から事業は破綻した。その結果から、彼は人間の救済には外的条件の変更ではなく、職業的技能を身につけるなど内面からの改造が必要で、その改造には教育が重要であるとし教育について考察することとなった。

①ペスタロッチの教育活動

　ペスタロッチはノイホーフの農場経営が破綻後、貧困児や孤児の内面からの教育のために生産労働実験学校を設立（1774年）したが経営上の理由で閉鎖した（1780年）。その後18年間は著述に専念し、教育思想の根本体系を著した『隠者の夕暮れ』（1780年）、農民生活を題材に家庭教育と学校の重要性を示した教育小説『リーンハルトとゲルトルート』（1781-1787年）など執筆した。

　その後、フランス革命やスイスの動乱の影響から孤児が増加し、スイス革命政府の依頼により、世界初といわれる公費による児童福祉施設（孤児院）をシュタンツに開設（1798年）した。そこでは、4～8歳の80人の子どもを収容し、書物や教科書を使用せず実体験から学ぶことを重視した生産労働と学習を直結させた教育を展開した。その活動は彼が友人に宛てた手紙をまとめた『シュタンツだより』（1799年）に詳しく、浮浪常態であった子どもたちと苦闘の末に家族のような関係をもつ感動的な教育実践記となっている。その内容は教育への純粋性や教育熱、実際に教育を実践しつつ民衆救済を求めたことなどから、当時の幼児・初等教育に影響した。しかし、この孤児院は野戦病院に接収され6ヵ月あまりで閉鎖となり、ペスタロッチはブルグドルフに移り公立小学校の補助教師として教育実践を継続した（当時53歳）。そこでも熱心に活動したが学校内の教師等との軋轢から退職し、その後周囲からの期待もあり同地の公立幼児学校の教師となった。そして、その成果によってブルグドルフの古城を与えられ、私立小学校や孤児院を開設した。また、この地では教員養成にも従事し、ブルグドルフの教育活動は活発化し、一時教育的実験地となってヨーロッパ各地から留学者が集まった。その経験を基礎にまとめ著したのが『ゲルトルート

児童教育法』(1801年)で、世界初の体系的教授学書といわれている。その内容は学校の必要性を自伝的に示し、知的、身体的、道徳的な教育内容と**メトーデ**と名づけた教育方法等を解説し、幼児期の子どもにとっての母親の重要性を述べたもので、ペスタロッチの名声を高めるものとなった。その後も、『母の書』(1803年)、『直観のABC』(1803年)等、ブルグドルフでの活動期に多くの著名な執筆をしている。

1805年には招聘を受けてイフェルテン市に赴き、1825年まで活動する。その地では教員養成や当時珍しい女子学校、聾唖学校を設立し、新教育の中心地となった。その後、人間関係などの問題から学校経営が衰退、学園を閉鎖し、ノイホーフに戻り(79歳)、その地でも学園を設立したが、充分な運営とはならなかった。そして教育論と生涯の総括的自伝白鳥の歌』(1825)などを著し、82歳で没した。

②ペスタロッチの教育方法

ペスタロッチは新しい時代や社会で人間がどう生きるべきかを中心に、とくに**貧困者の教育**に力を注いだ。人間の知・徳・体の調和的発展には、家庭教育と母親による教育の再構築を基盤にした初等学校での基礎教育が必要と考え、みずからが教育実践家として教育の目的、内容、方法(メトーデ)を体系化していった。彼はロック、コメニウス、とくにルソーの「自然に帰れ」の思想に影響を受け、教育思想の根本には自然に従うという「合自然」の原理を置いた。

教育方法は、合自然の原理による、直観、自発性活動、方法、の調和的発達を重要視し、教育の過程では人間の諸能力を道徳性の発達を基盤にして、人格の調和的発達を目指した。また、作業と学習の結合に基づく教育も取入れた。

実際には、学びのはじめを母子関係に基づく**数、形、言語**(直観のABC)による**直観教授**とした。次の学校教育段階では、その直感が概念へと変化し、調和的な発達や人格に至るとするものであった。教育はその直感という曖昧さから概念という定義づけされたものに至る過程で効果的な歩みをするようにかかわりをもつもので、教育という支援がなければ自然に放任されて迷走しかねないとした。また、ペスタロッチの「生活が陶冶する」ということばにもあるように、愛と感謝が存在する良好な母子関係を発達させた生活そのものが自然の

第2章　西洋(欧米)の教育の歴史と思想　23

うちに人間形成を行っていくとの考えに至った。その後、ペスタロッチの教育の思想や方法は実践に基づいた教育論という点が注目され、フレーベルやヘルバルトに影響し、さらに教師の資質や教授法の原理にも用いられた。また、学習に効果的とされた教具や掛図を用いた実物教授や一斉教授は欧米や日本にも導入され影響している。

(2) フレーベルの教育思想——人と現代への意義

フレーベル（Fröbel, F. W. A. 1782～1852）ドイツの教育思想家、教育実践家。幼稚園の創設者といわれる。

当初大学で建築など理工系を学ぶが、ペスタロッチ主義者との出会いから、ルソー、ペスタロッチの継承を幼児教育を中心に志す。ペスタロッチの学園を2回訪問（1805・08年）し、2回めは教師として2年間働き滞在した。その間に「合自然」による自然の歩みによる学びの過程に感銘し強く影響された。その後、「幼児教育指導者養成所」を設置し（1839年）、幼児を集めて**幼稚園**（kindergarten）を開設した。その幼稚園の考えは欧米に広がり、日本にも影響を与えた。また、フレーベルの思想はデューイの『学校と社会』に記述されるように、その考えが広く理解や批判されつつも新教育運動に影響を与えていく。

①フレーベルの教育思想

フレーベルの教育思想は、『人間の教育』（1826年）の冒頭に「すべてのものの中に、永遠の法則が、宿り、働き、……」と端的に示されている。これは、神によって万物は生かされており、神が宇宙の統一者であるという考えである。

フレーベル, F. W.

それゆえに人間すべてにも神性が宿っていて、人間は何かに妨げられないかぎり善であるとした。したがって、幼児の本性は善であるという考えに至っている。そして、幼児の主体的で自発的な活動にこそ、教育は注目し受動的で追随的であるべきで、命令や要求、規定のない教育を、年齢や発達に応じて実践展開する重要性を主張した。その結果、幼児期の活動である遊びの大切さを指摘した。また、とくに幼児期の発達は連

続性をもって関わることが重要で、発達の区切りなく教育する必要性を説いた。

②フレーベルの教育方法

　フレーベルは、幼児期の活動は自主的な遊びであり、そこに人間の純粋性と善の状態があるとした。遊びは水や砂、粘土による自由な遊びとともに、保護者や教師によって注意深く保護や指導される組織的な遊びや作業によって、正しい方向に援助されるべきであるとも考えた。そして、遊びと作業の原理として**恩物**（贈り物・与えられたものの意、教育遊具）という道具を考案する。これは万物の法則や神性を象徴するものであり、神や自然、自己を認識するために神から与えられた贈り物であった。実際の恩物は積み木のようなもので、木製でひもがついた球体、円柱、立方体などであった。幼児は自由に遊び、または教授者が隠したり見せたりしつつ認識させて、自然に観念の習得ができ発達するなどというものであった。それは、恩物を使って、心身の発達等をうながすという実践であった。その後、恩物遊戯は室内で実践されるために動きが少なく、幼児本来の自発的な自由な活動のすべてを含むものにはならないなどと批判され、新教育運動では幼児をより活発に動き回らせるという自発的な活動になっていく。

　また、フレーベルは家庭は教育的である必要があると考え、親にむけて歌や楽譜、絵が記された育児書『母の歌と愛撫の歌』（1844年）を執筆する。このなかでは、幼児期の子どもにはとくに母親の存在が重要であるとし、母親はその使命に気づいて子どもに愛着をもって接することが人間教育の基礎となると主張した。そのために、幼稚園の指導者には女性が想定されていた。

(3) ヘルバルトの教育思想

　ヘルバルト（Herbart, J. F. 1776～1841）ドイツの哲学者、教育学者、近代教育の創建者といわれている。大学時にフィヒテ（Fichte, J. G. 1762～1814）の影響から哲学を研究する。大学卒業後は家庭教師を務め、1799年にペスタロッチを訪ねて強く影響を受ける。その後、教育や教授法の学問的・科学的な基礎づけを目指し、大学の講師となり教育学、やがて教授として哲学も教えた。著書には、『ペスタロッチの直観のABC』（1804年）、『一般教育学』（1806年）、『教育学講義綱要』（1841年）などがある。

ヘルバルト, J. F.

　ヘルバルトの教育思想は、ペスタロッチの教育実践の理解と批判的な継承による。それはペスタロッチの教育への考えが初等教育を主とするなどにとどまり体系化されておらず、他者には理解されにくく一般に普及しないというものであった。そのため、ヘルバルトは教育は一定の原理のもとでの法則化、すなわち科学化を目指し教育学の体系化を行った。その結果、教育目的は倫理学、教育方法は心理学に基礎をおくものとし、徳の育成には生徒に多くの興味を与える必要があるとした。その教育目的は知識や美感覚を含んだ道徳性の育成で、目標は品性の陶冶とした。

ヘルバルトの教育方法

　教育目的の実現に必要な作用は、管理、教授、訓練の３つとして、各々を明確に区分した。**管理**とは、教授や訓練に必要な秩序をつくり出す予備段階で子どもを活動に集中させることであり、その際には愛情と権威に裏づけられた作業や監視、威嚇、懲罰、体罰であれば認めるとした。

　教授とは、子どもたちに教材を通して働きかける営みであり教え方である。教師が教材を使用することで、子どもたちは過去や遠隔地などにあたかも移動し実際に対象を目の前にしているかのように学ぶことができると考えた。**訓練**とは、教師は教材を用いずに、子どもを善い方向に導くための直接的方法である。教授には心理学による人間の認識に基づいた展開が必要で、その認識に、明瞭、連合、系統、方法、という形式段階があると考えた。明瞭とは対象の明確化、連合は明瞭された対象をすでに習得した知識と比較し結合させることである。系統は連合の秩序化や体系化である。方法はここまでで形成された新しい知識が他に応用できる状態にすることである。ヘルバルトは人間の認識の各段階に合わせて教授されることを主張したのである。

　その後、ヘルバルトの思想は実際の学校教育での実践に適したものとなるように思考するヘルバルト派の人々によって、教育方法の型が考えられた。その典型には、ヘルバルトの４段階法を５段階にした、ツィラー（Ziller, T. 1817〜

82)の中心統合法やライン（Rein, W. 1847〜1929）の5段階教授法（予備、提示、比較、総括、応用）がある。その教授法はドイツ、ヨーロッパ各地の学校、アメリカ、明治半頃の日本にも影響した。とくに、多くの教師が一定の形式に従えば教授できるとした考えは、近代学校教育を支えるものとなった。

第4節　民主主義の教育思想：デューイ

19〜20世紀のヨーロッパで新教育思想が現れたのと同様に、アメリカでは19世紀にニーフやホーレス・マンなどの教育活動の萌芽期があり、20世紀前半に進歩主義教育運動が展開された。これは、教育的側面からの社会改革運動の一環であるが、その運動は諸派に分化し展開した。そのなかで、大衆の主体的自立はその生活にそった教育課程の実践展開であるべきとして、社会的再構築をめざした進歩主義に関わる教育思想家にデューイがいる。

（1）デューイの教育思想

デューイ（Dewey, J. 1859〜1952）はアメリカの哲学者、教育学者であり、プラグマティズムの創始者・進歩主義教育運動の理論的指導者のひとりといわれる。著書に『学校と社会』（1899年）、『民主主義と教育』（1916年）、『経験と教育』（1938年）、などがある。

デューイはいかに生きるか、を考えた。その結果、充実した生活や経験こそがよい教育で、生活が成長であるとした。そのため、子どもの自然本性を善として教育目的や教育のかかわりをもつべきでないとする児童中心主義に批判的で、むしろ子どもの成長に教師とカリキュラムは関わるべきであるとした。そのかかわりに重要なのは、経験であり、子どもは経験を通し成長するとした。そして、学校は社会の基盤となるべきで、その環境は子どもの生活と無関係な暗記と試験をくり返す場ではなく、学校そのものが小さな社会であり、子どもは学校で自発的な社会的営みを経験し

デューイ, J.

て本来の社会につなぐ必要があるとした。デューイは学校教育を共同社会の形成や社会進歩のための方法と考えたのである。

(2) デューイの経験主義

　学校や教師は子どもにカリキュラムを示すが、人は興味や関心によって行動し経験するのだから、子どもの学びもその興味や関心を呼び起こすものにする必要があるとして、教育内容は子どもの生活に不自然で無関心なものであってはならないとした。教育の実践には子どもが知識を経験から獲得しやすいように状況や環境を整える必要があるとした。つまり、知識や道徳は時世で変容する場合もあり、子どもは新旧の知識を探究し道徳性を創り出すという経験を続け（経験の再構成）成長を続ける必要があるとした。その過程で学校や教師は反省的に間接的にはたらきかける必要があり、その際に生活に関係する知識や教材を計画的に使用する必要性も生じ、それが教育であるとした。

　デューイの名は、今日も多くの国の教育学に登場し、その影響は世界に及んでいる。日本では大正期にデューイについて紹介されたが、戦後の日本における問題解決学習などに大きく影響している。

（永塚　史孝）

【引用・参考文献】

フレーベル著、荒井武訳『人間の教育』岩波書店、1964 年
ペスタロッチ著、長田新訳『隠者の夕暮・シェタンツだより』岩波書店、1993 年
長田新編『ペスタロッチ全集』平凡社、1959-60 年
ボードマン著、乙訓稔訳『フレーベルとペスタロッチその生涯と教育思想の比較』東信堂、2004 年
フレーベル著、荒井武訳『人間の教育』岩波書店、1964 年
小原国芳、荘司雅子監修『フレーベル全集』玉川大学出版部、1976-81 年
岩崎次男『フレーベル教育学の研究』玉川大学出版部、1999 年
ヘルバルト著、三枝孝弘訳『一般教育学』明治図書、1960 年
鈴木昌子『判断力養成論研究序説―ヘルバルトの教育的タクトを軸にして―』風間書房、1990 年
デューイ著、宮原誠一訳『学校と社会』岩波書店、1957 年
デューイ著、松野安男訳『民主主義と教育（上・下）』1975 年
森田尚人『デューイ教育思想の形成』新曜社、1986 年

―― 【コラム：アメリカ独立宣言】 ――

　アメリカは「すべての人は平等に造られ、造物主によって、一定の奪うことができ
ない権利を与えられ、そのなかに生命、自由および幸福の追求の含まれている」とい
う理念のもと、本国イギリスからの独立を宣言した。その構成は、①基本的人権（平等、
自由、幸福追求）や革命権による独立の正当性（ロック等の自然法・社会契約説が論拠）、
②イギリス国王（ジョージ3世）の暴政批判、③イギリス国王への忠誠拒絶と独立の宣
言となっており、後のフランス人権宣言にも影響している。

　この宣言はトマス・ジェファソン（Thomas Jeggerson, 1743-1826年）らが中心とな
って起草したもので、すべての人に基本的人権があり、その権利の保全には政府が設
立される必要があるとした。さらに、その政府は統治される者の意に沿ったものであ
る必要があり、もし人民の人権をそこなう政府の場合は、人々は政府を変えて新政府
を設立する権利をもつというものであった。その結果、人民には知性の必要性が生じ
たのである。ジェファソンはヴァージニア州議会に「知識の一般的普及に関する法案（A
Bill for the More General Diffusion of Knowledge）」（1779年）を提出し、それを説明
した「ヴァージニア州覚書（Notes on the State of Virginia）」（1781年）を執筆した。
その中では政治の権威は人民にあるとするのだから、人民は一定以上の知識と教養が
備わり啓蒙された人民である必要があるとした。その実現のためにすべての国民を対
象にした単線型学校の設立と公費運営の初等教育の普及とを提唱した。また、地方教
育行政へ住民の意思が反映するよう、公選による郡学務委員の設置を主張した。この
計画は実現されなかったが、新しい合衆国の民主主義に教育が密接に関連すること、国
民に能力に応じて教育を受ける権利があることが提唱され、その後に影響をあたえた。

（永塚　史孝）

第5節　ホリスティックな教育と思想：シュタイナー

（1）「ホリスティック教育」について

　20世紀初頭に使われるようになったホーリズムという言葉の語源は、「ホロ
ス（holos／全体）」というギリシャ語であり、全体（whole）、健康（health）、癒や
す（heal）、神聖な（holy）などの語源でもある。「ホリスティック」という言葉は、
アメリカで20〜30年ほど前から医療現場において、健康や病気の因果関係には、
精神的な面が関与しているのではないかと考えられることにより、使われるよ
うになった。つまり、近代のデカルトによって提唱された心身二元論や人間機

第2章　西洋（欧米）の教育の歴史と思想　　29

械論とは異なる発想が着目されるようになり、「ホリスティック・ヘルス」「ホリスティック医学」という、心と身体を全体としてとらえる考え方が生まれた。やがて「ホリスティック」という言葉は、健康や医学の領域だけではなく、生活、教育、企業の分野にも用いられるようになった。ホリスティック教育の初出は、アメリカで 1988 年に季刊学術総合誌 *Holistic Education Review* が創刊されたことである。この雑誌の発刊精神とは、人間は地域や自然界とのかかわりをもちつつ、思いやりや平穏などの精神的な価値観を求める。そこで自己の存在証明、または人生の目的や意味などを見出すことができるという考えに基づいている。ゆえに、ホリスティック教育とは、人々の内面に秘められている生命への尊厳とともに学ぶことに対する大きな喜びを引き出すことを目的とする。

また、ホリスティック教育が確立される前の先駆者として分類される教育思想家たちがいる。古典として分類されるルソー, J. J.、エマソン, R. W. (Emerson, R. W. 1803〜1882)、ソロー, H. D. (Thoreau, H. D. 1817〜1862) やペスタロッチ等もあげられる。また、近代の**シュタイナー**, R. (Steiner, R. 1891〜1925)、デューイ, J. といった教育思想家やユング, C. G. (Jung, C. G. 1875〜1961)、マズロー, A. H. (Maslow, A. H. 1908〜1970)、ロジャース (Rogers, C. R. 1902〜1987) らの心理学者、グッドマン, P. (Goodman, P. 1911〜1972)、フレイレ, P. (Freire, P. 1921〜1997) といった思想家たちの影響も多く受けながら、ホリスティック教育は確立した。

ホリスティック教育の目標は、「1. 人間性の最優先　2. 人間一人ひとりの尊重　3. 経験的学習の重視　4. ホリスティック教育へのパラダイム転換　5. 新しい教師の役割　6. 選択の自由　7. 真に民主的な社会の創造　8. 地球市民教育　9. 共生のためのエコロジー教育　10. 精神性と教育」の 10 原則に基づいている。ホリスティック教育とは、「いのち」との精神的な絆を健やかに育む営みであることを重視する教育である。教育の大切な役割は、「いのち」のなかですべてがつながりあっていることを自覚することである。つまりホリスティック教育とは、まわりの人々、

シュタイナー, R.

地球と自分自身は、どんな場合にもつながりあっているという実感を育み、その実感により、自己および他者に対する、さらには地球に対する責任（苦しんでいる人に手をさしのべ、人の痛みを分かちあう感性を育み、世界は変わりうるという確信）を育む教育を提唱する。

(2) シュタイナーの「人間本性」四分類

シュタイナーは『子どもの教育』において、人間の本性を四つ（肉体、エーテル体（生命体）、アストラル体（感覚体）、自我体）に分類する。

①人間本性の第一の分肢とは、「肉体」である。②人間本性の第二の分肢「**エーテル体**」は、肉体を超えたところにある。人間本性の高次な部分としての霊的な存在である生命体が働いている。この「エーテル体」は、植物や動物と共有し、肉体の素材やその力に、成長、生殖作用、体液の循環等の減少を生じさせる働きをするものである。③人間本性の第三の分肢「**アストラル体**」は、感覚体である。「アストラル体」とは、苦と快、衝動、欲望、情念等を担う器官のことである。④人間本性の第四の分肢は、「自我」である。「自我」とは、地上の存在しているものたちと共有していないが存在する。この「自我体」は、人間にとっても高次の魂の担い手であると考えられている。

シュタイナーが考案するエーテル体とは、生命形成力として、成長や生殖活動の担い手にすぎない。また、アストラル体は、外なる自然によって惹き起こされる衝動や欲望や情念を体現する。この段階から、何度も受肉の過程をくり返し、人間は高次の進化を遂げ続ける。シュタイナーは、文化とは、自我がアストラル体、エーテル体、肉体に働きかけることにより、進歩を遂げてゆくものであると指摘する。

(3) シュタイナー教育の「七年周期」説

シュタイナーは七年周期を想定し、それぞれの時期に必要な教育方法を提示している。①第1期（0～7歳）では、「幼児の教育」の重要性を唱える。7歳までの歯の生え変わる時期の人間は、独立した自由な生命体をもたない。幼児は、「模倣」と「手本」が大切である。周囲のおとなが子どもの眼の前で行う

行為が子どもに影響力を及ぼす。エーテル体の育成と成長は、「傾向、習慣、良心、性格、記憶力、気質の育成、発達」である。エーテル体を教育するには、具体例による想像力への働きかけが有効となる。権威を押しつけるのではなく、おのずと生じた権威を子どもが直感的に受け取る。そこで良心、習慣、傾向が育成され、気質に正しい方向づけがあたえられる。子どもは、世間の諸事物をあらたな眼で眺められるようになる。②第二期（7～14歳）には、「記憶力」が大切である。シュタイナーは、記憶力の発達が、エーテル体の発達との関連によるものであり、唯物論的な思考を否定しているため、理解できないものを暗記させることを非難する。さらにこの時期の子どもたちのすべての感覚体験は、精神化されなければならない。③第三期（14～21歳）になると「宗教教育」と「芸術教育」が重要となる。シュタイナー教育のなかで重要視する「芸術教育」の前提は、子どもに最初の意志を健全に発達させるための土台を作ることである。この時期に深い宗教的体験をもつことが大切である。人間は、大宇宙全体の営みの一分肢であることを自覚し、「宗教教育」として聖なるものに対する畏敬の念を抱くことが重要である。さらに大自然のなかに存在する美と神秘を感じ取ることの重要性を唱える。「美的感覚」を育成すること、「芸術的なもの」を愛する感情を喚起することは、大切である。そのために、音楽、建築、彫刻、などによる感覚を目覚めさせ、生きる歓び、この世を生きることへの愛、働くための力は、美と芸術への感覚の育成から生じると主張する。

　日本におけるシュタイナー教育は、早稲田大学名誉教授の教育学者子安美智子（1933～　）を中心として設立された、シュタイナー学園の前身「東京シュタイナーシューレ」により開始されている。そこでは、1980年代に海外でシュタイナー教育を学修した教員たちにより、週に1回幼児・小学生とおとなを対象に、シュタイナー教育の勉強会を開催した。2012（平成24）年4月に相模原市に移転し、同年、シュタイナー学園高等部と12年制の小中高一貫であるシュタイナー学園が、学校法人として開校している。知育偏重ではなく、子どもの心、身体、知性、精神性を重視した全人教育を目標としている。学園の特徴としては、1年生から外国語（英語）教育を導入し、芸術に重点を置いた、オイリュトミー（舞踏）、手芸、工芸、水彩画、フォルメン、音楽などの教育カ

リキュラムも採り入れている。

（雨宮　久美）

【引用・参考文献】

コリン・ウィルソン著、中村保男・中村正明訳『ルドルフ・シュタイナー』河出書房新社、1993 年
日本ホリスティック教育協会編『ホリスティック教育入門〈復刻・増補版〉』せせらぎ出版、2005 年
ルドルフ・シュタイナー著、高橋巖訳『治療教育講義』角川書店、1988 年
高橋巖『現代日本の教育への提言—シュタイナー教育入門』角川選書 148、1984 年
ルドルフ・シュタイナー著、高橋巖訳『子どもの教育』（シュタイナーコレクション 1）筑摩書房、
　2003 年
日本ホリスティック教育協会編『いのちに根ざす日本のシュタイナー教育』せせらぎ出版、2001 年

教育の制度とその改革

学校相互の関連を示す全体構造を「学校体系」という。学校体系は、系統（教育の対象となる者の所属階層・進路・教育内容の傾向など）と段階（教育の対象となる者の年齢・教育内容の水準）の二つを構成要因として成り立っている。そこで本章では、まず、学校体系の三つの類型とその意味を、次いで、わが国の公教育制度の根本原理である「教育を受ける権利」と「教育の機会均等」について考え、義務教育制度の存在意義とその必要性について正しく理解することを目指す。最後に、各国（アメリカ・イギリス・フランス・ドイツ・中国・台湾・韓国）の学校教育の現状・問題点について明らかにし、その改革の方向性について考えてみたい。

第1節 日本の教育制度とその改革

(1) 学校制度の構造と類型

学校教育が一定の組織化された制度として成立するのは、各国ともに19世紀から20世紀初頭にかけてのことである。その際にモデルとしたのは、18世紀末のプロイセン・フランス・アメリカ合衆国の制度であった。これらのモデルは、すべての子どもが通えるように地域に小学校（elementary school）を設立すること、中等以上の段階の教育は修学によって裨益しうる能力を有する者のみが入学資格を与えられるべきだとするものであった。

今日の学校制度は、各国の歴史的、社会的、経済的条件を背景として成立してきたものである。学校制度の構造は、下降型学校系統・上昇型学校系統といった二つの類型に分けることができる。

下降型学校系統とは、教育制度がまず大学の成立から始まり、次に大学予備門、そしてその予備学校、というように上位下降方式で形成されていく学校系統である。一方、上昇型学校系統とは、教育制度が子どもに最低限必要な教育

（elementary education）を与える学校から設立され、その上に技術職業的教育（vocational education）の学校が積み上げ式に形成されていく学校系統である。

この二種の学校系統を社会的に類型化すると、複線型学校制度、単線型学校制度、分枝型学校制度の三つの類型に分類することができる。

a. 複線型学校制度：近代ヨーロッパの経済的・政治的・社会的条件を背景として成立した制度である。それは、入学者の所属する社会的階層組織に基づいて支配者階級の学校と被支配者階級の学校系統、性別による男子校と女子校の系統、教育目標・内容によって普通教育の学校と職業教育の学校など複数の系統が用意されているが、系統間のインテグレーション（integration）はまったく考慮されていない。つまり、各系統間の教育内容に関連がなく、他系統への学習者の移動は原則認められていない制度である。

b. 単線型学校制度：近代的、民主的な理想のもとに考案された制度である。それは「教育の機会均等」の原則に立って、社会的身分、経済的地位などにかかわりなく、すべての国民の子が同一系統に属する学校で平等に教育を受けることができるしくみである。

c. 分枝型学校制度：複線型と単線型の中間的な形態の学校制度である。最初の段階（初等教育）は単一系統であるが、それに継続する段階では、複数の学校に分かれる。つまり、単線型の上に複線型が重なった形状になる。

(2) わが国の学校制度

1947（昭和22）年３月、**教育基本法**および**学校教育法**が制定された。教育基本法はその前文において、「民主的で文化的な国家を建設して、世界の平和と人類の福祉に貢献」しようとする日本国憲法の理想の実現は、「根本において教育の力にまつべきもの」とし、教育への期待を示している。続いて「個人の尊厳を重んじ、真理と平和を希求する人間の育成を期するとともに、普遍的にしてしかも個性ゆたかな文化の創造」を目指す教育を掲げ、これを普及徹底しなければならないとした。そして、第１条において「教育は、人格の完成をめざし、平和的な国家及び社会の形成者として、真理と正義を愛し、個人の価値をたっとび、勤労と責任を重んじ、自主的精神に充ちた心身ともに健康な国民

の育成を期して行われなければならない」と教育の目的を規定した。この目的規定に基づき、教育の方針（第2条）、教育の機会均等（第3条）、義務教育（第4条）、男女共学（第5条）、学校教育（第6条）、社会教育（第7条）、政治教育（第8条）、宗教教育（第9条）、教育行政（第10条）と教育の根本原理を定めている。

　学校制度については、戦前の複線型（分枝型）の制度は廃止され、**6・3・3・4制**の単線型学校制度を発足させた。学校教育法第1条においては、この法律でいう学校として、小学校、中学校、高等学校、大学、高等専門学校、盲学校、聾学校、養護学校および幼稚園をあげている。これが同法における学校の範囲であり、教育基本法第6条がいう**「法律に定める学校」**である。なお、学校教育法制定当初は、単純な単線型学校制度であったが、その後、学校制度の部分修正が行われ高等専門学校、中等教育学校が創設されている。また、盲・聾・養護学校を合わせて特別支援学校（2006年）とした。

　そして、第2条以下でこれらの学校ごとの教育目的と目標を定めている。学校教育法による主な学校の大要を整理してみると、小学校は、心身の発達に応じて、**初等普通教育**を施すことを目的とし、満6歳から12歳までの学齢児童が就学する修業年限6年の義務教育施設である。ここでいう普通教育とは、教育の対象が広く一般の者であること、教育内容は、専門的知識や技能を習得するための前段階として学習すべき基礎教育である。この教育目的を達成するために、学校教育法第18条には小学校で達成すべき教育目標が8項目定められている。なお、現行の学校教育法では、第21条において、義務教育として行われる普通教育の教育目標が10項目定められている。①学校内外における社会活動を促進し、自主、自律および協同の精神、規範意識、公正な判断力並びに公共の精神に基づき主体的に社会の形成に参画し、その発展に寄与する態度を養うこと。②学校内外における自然体験活動を促進し、生命および自然を尊重する精神並びに環境の保全に寄与する態度を養うこと。③わが国と郷土の現状と歴史について、正しい理解に導き、伝統と文化を尊重し、それらをはぐくんできたわが国と郷土を愛する態度を養うとともに、進んで外国の文化の理解を通じて、他国を尊重し、国際社会の平和と発展に寄与する態度を養うこと。④家族と家庭の役割、生活に必要な衣、食、住、情報、産業その他の事項につ

いて基礎的な理解と技能を養うこと。⑤読書に親しませ、生活に必要な国語を正しく理解し、使用する基礎的な能力を養うこと。⑥生活に必要な数量的な関係を正しく理解し、処理する能力を養うこと。⑦生活に関わる自然現象について、観察及び実験を通じて、科学的に理解し、処理する基礎的な能力を養うこと。⑧健康、安全で幸福な生活のために必要な習慣を養うとともに、運動を通じて体力を養い、心身の調和的発達を図ること。⑨生活を明るく豊かにする音楽、美術、文芸その他の芸術について基礎的な理解と技能を養うこと。⑩職業についての基礎的な知識と技能、勤労を重んずる態度および個性に応じて将来の進路を選択する能力を養うことと定められた。

中学校は、小学校教育の基礎の上に、心身の発達に応じて、**中等普通教育**を施すことを目的とし、満13歳から15歳までの学齢生徒が就学する修業年限3年の義務教育施設である。中学校教育では義務教育の完成という点から、国家、社会の形成者として必要な資質を養うこと、職業についての基礎的な知識と技能、勤労を重んずる態度や個性に応じて将来の進路を選択する能力を養うことなどの教育目標が付け加えられている。「初等」「中等」という言葉は、普通教育を子どもの心身の発達に合わせた段階を示すにすぎないものであり、高等学校における高等普通教育も同様な意味で用いられている。

高等学校は、中学校教育の基礎の上に、心身の発達に応じて、**高等普通教育**および**専門教育**を施すことを目的とする。高等学校には、普通教育を主とする普通科、専門教育を主とする各学科がある。専門教育とは、工業、商業、農業といった職業的内容に分かれた教育を指すものであり、大学における高度な専門教育とは区別して考えるべきである。このように、高等学校の場合、普通教育と並んで専門教育が目的として明示されており、中学校よりも一歩進めた中間完成教育を行う役割を担っている。また、高等学校は、上級学校への前段階の学校としての教育と併行して、卒業と同時に社会に出る生徒のための教育の場でもなければならないことから、社会において果たさなければならない自覚に基づき、個性に応じて将来の進路を決定させ、一般的な教養を高め、専門的な技能に習熟させること、社会について、広く深い理解と健全な批判力を養い、個性の確立に努めることなどを教育目標にしている。

第3章　教育の制度とその改革　37

高等学校への進学率は、学校教育法制定時の予想をはるかに上回り、義務教育に準ずるものとして定着している今日、高等学校教育の多様化、弾力化が重要な課題となってきている。

　大学は、学術の中心として、広く知識を授けるとともに、深く専門の学芸を教授研究し、知的、道徳的および応用的能力を展開させることを目的としている。修業年限は4年またはそれ以上である。大学は、教員および学生にとって学問研究の場であると同時に、教員が学生に対して幅広い教養と専門的知識・技能を教授する場でもある。つまり、大学は教育施設であるとともに研究施設でもあり、他の学校と異なる性格を備えている**高等教育機関**である。また、大学には、深く専門の学芸を教授研究し、職業または実際生活に必要な能力を育成することを主な目的とする、修業年限2年または3年の短期大学がある。

　これらが、6・3・3・4制と称される単線型の学校体系を構成する学校であり、「法律に定められた学校」は、公の性質を有するものであって、国、地方公共団体および法律に定める法人のみが、設置することができると規定されている。

　わが国の学校教育は、その後、時代の進展とともに修正が行われ、学校教育の整備充実が進められてきた。高度経済成長期に入ってからは1961（昭和36）年に、単線型の学校制度を部分的に修正した5年生の専門的職業人を養成するために**高等専門学校**が創設されている。さらに、1975（昭和50）年には、職業や実際生活に役立つ知識・技能を身につけさせることを目的とした**専修学校**が制度化された。なお専修学校には、高等課程（中学校卒業者を教育対象とする）、専門課程（高等学校卒業者を教育対象とする）、一般課程（入学者を学歴によって限定しない）の三課程がおかれている。法的に専修学校は、学校教育法の第1条で定義された学校とは別扱いであるが、第1条校との接続や関連がないわけではない。たとえば、現行学校教育法第132条では専修学校の専門課程を修了した者は、文部科学大臣の定めるところにより、大学に編入することができると規定している。また、学校教育法施行規則第98条の1項では、高等学校の校長は教育上有益と認めれば、専修学校の高等課程および専門課程における学修をその高校の科目の履修とみなし、単位を与えることができるとしている。

　経済の安定成長は国民所得の増大、国民の教育要求の高まりをもたらし、教

38　　第Ⅰ部　教育学の理論

育制度の整備、充実が一層図られ、義務教育の教科書無償、私立学校の振興助成、教員の資質向上などの施策が次々に行われた。

1998（平成 10）年には、学校教育法を改正し、前期中等教育学校（中学校）と後期中等教育学校（高等学校）を結合した**中等教育学校**が創設された。2001（平成 13）年には、文部省が省庁再編により文部科学省に変わり、2003（平成 15）年には国立大学および高等専門学校の法人化が行われた。また、2006（平成 18）年には、教育基本法が制定以来、半世紀の歳月を経て改正された。

改正された**教育基本法**は、前文と 18 の条文からなり、旧法に規定されていた「個人の尊厳」「人格の完成」「平和的な国家及び社会の形成者」などの基本理念を受け継ぎ、あらたに、生涯学習（第 3 条）、大学（第 7 条）、私立学校（第 8 条）、教員（第 9 条）、家庭教育（第 10 条）、幼児期教育（第 11 条）、学校・家庭・地域社会の連携（第 13 条）、教育振興基本計画（第 17 条）を付け加えている。

第 1 条において、「教育は、人格の完成を目指し、平和で民主的な国家及び社会の形成者として必要な資質を備えた心身ともに健康な国民の育成を期して行われなければならない」とする、教育の目的を明示した。第 2 条では、「幅広い知識と教養を身に付けること」「真理を求める態度を養うこと」「豊かな情操と道徳心を培い、健やかな身体を養うこと」「個人の価値を尊重すること」「個人の能力を伸長し、創造性を養うこと」「自主及び自律の精神を養うこと」「勤労を重んずる態度を養うこと」「自他の敬愛と協力を重んずること」「公共の精神に基づき、主体的に社会の形成に参画すること」「環境の保全に寄与する態度を養うこと」「伝統と文化を尊重すること」「我が国と郷土を愛し、他国を尊重すること」「国際社会の平和と発展に寄与する態度を養うこと」などの教育目標を定めた。教育に関する諸法規の基本となる教育基本法が改正されたことによって、その趣旨を徹底するために、これからも教育に関する諸法規の改正が行われることになる。

(3)「教育を受ける権利」

日本国憲法第 26 条は、「すべて国民は、法律の定めるところにより、その能力に応じて、ひとしく教育を受ける権利を有する。②すべて国民は、法律の定

めるところにより、その保護する子女に普通教育を受けさせる義務を負う。義務教育は、これを無償とする」と規定している。この規定は、憲法の教育条項のなかでもっとも重要なものであり、かつ現在の教育制度の理念を表したものである。

教育を受ける権利は生存権、社会権であり、その権利の主体は国民である。したがって、国や地方公共団体は、この権利を保障する責任や義務を負っているのであり、その趣旨に即した教育のあり方を構築しなければならない。この、国民のひとしく**教育を受ける権利**を確実に保障するために設けられているのが義務教育制度である。義務とされる教育は、基礎的、一般的な普通教育であり、具体的には諸法令の定めるところにより行われるが、義務教育の「義務」には、三つの側面がある。第一は「就学の義務」、第二は「学校設置の義務」、第三は「教育保障の義務」である。

就学の義務は、保護する子に一定年限の教育を保護者が受けさせる義務であり、児童生徒に就学の義務はない。この場合の保護者とは、子に対して民法に定める親権を行う者、または親権を行う者がいないときは成年後見人である。これを受けて、学校教育法は満6歳から満15歳までの9年間、小学校もしくは特別支援学校の小学部、中学校、中等教育学校もしくは特別支援学校の中学部に保護者はわが子を就学させなければならないとしている（学校教育法第17条）。

市町村教育委員会は、区域内の学齢児童生徒について学齢簿を編製し、保護者および小学校・中学校の校長に対して入学の旨を通知しなければならない。

学齢児童生徒で、病弱、発育不全その他やむをえない理由で就学困難と認められる者については、就学が猶予または免除される。さらに、通常の教育を受けがたい障害のある者は、特別支援学校で義務教育を受けることになるが、重度の障害がある場合には、就学猶予または免除の対象になる。

学齢児童生徒が、正当な理由もなく引き続き7日間出席せず、また出席状況が不良な場合、校長は市町村教育委員会に通知しなければならない。教育委員会は就学の通知に基づいて、保護者が就学の義務を怠っていると認められたときは、当該児童生徒の出席を督促する必要がある。なお就学義務に応じない場合、罰則が保護者に科せられる（学校教育法第144条）。

40　第Ⅰ部　教育学の理論

学校設置の義務は、就学義務のある学校についてのみ規定されている。義務教育における就学義務を遂行するためには、就学者を受け入れる学校がなければならない。そのために、学校教育法は地方公共団体に学校設置の義務を課している。小学校と中学校については、市・町・村に設置する義務があり（学校教育法第38条、第49条）、特別支援学校については都道府県が設置することになる（学校教育法第80条）。なお、市・町・村に学校設置の資力がなく、学齢児童生徒が不足している場合には、市・町・村の学校組合を設けることができる。さらに、それも不可能、不適当な時には、教育事務を他の市・町・村学校組合に委託することができるとされている。

教育保障の義務は、学齢期のすべての児童生徒が教育を受けることができる権利を国および地方公共団体が保障する義務である。憲法第26条は、義務教育の無償を明示しており、これを受けて改正教育基本法第5条、学校教育法第6条は、国公立学校における義務教育での授業料不徴収を定めている。なお、私立学校では授業料を徴収している。私立学校に就学させている保護者は、国公立学校における授業料無償の教育を受ける権利を放棄したものとみなされているからである。

これらの法規にある義務教育の無償の範囲は授業料に限定されており、教科書、学用品などの教育に必要な一切の費用までを無償にすべく定められたものではない。たとえば、義務教育における教科書の無償給付は、1962（昭和37）年に「義務教育諸学校の教科用図書の無償に関する法律」が制定され、国は、義務教育諸学校で使用する教科書を購入し、学校の設置者に無償で給付している。そして、学校の設置者は、校長を通じて児童生徒に給付することになる。教科書の無償給付は、憲法第26条の「教育を受ける権利」の義務教育無償の理念を実現するための制度であるが、義務教育の不可欠要素ではなく、毎年のように財務省から有償化の要求が出されていることも事実である。

(4)「教育の機会均等」

日本国憲法の定める**教育の機会均等**の理念を受けて、改正された教育基本法第4条は、「すべて国民は、ひとしく、その能力に応じた教育を受ける機会を

与えられなければならず、人種、信条、性別、社会的身分、経済的地位又は門地によって、教育上差別されない。②国及び地方公共団体は、障害のある者が、その障害の状態に応じ、十分な教育を受けられるよう、教育上必要な支援を講じなければならない。③国及び地方公共団体は、能力があるにもかかわらず、経済的理由によって修学が困難な者に対して、奨学の措置を講じなければならない」として、教育上の平等な機会の保障、奨学の公的措置について規定している。とくに、義務教育段階にある児童生徒の就学については、義務教育の円滑な実施という観点から慎重な配慮が必要となる。そこで、**学校教育法**は、「経済的理由によって、就学困難と認められる学齢児童又は学齢生徒の保護者に対して、市町村は、必要な援助を与えなければならない」と規定している（第19条）。そして、その実効性を確保するために、1956（昭和31）年「就学困難な児童及び生徒に係る就学奨励についての国の援助に関する法律」（「就学奨励法」）が制定され、必要経費の一部を国が補助する制度が構築された。この法律において市・町・村は、児童生徒の保護者で生活保護を必要と認めた者（要保護者）に対し、学用品、通学、修学旅行の費用を給与する場合、国はその一部を補助するとしている。要保護者とは、経済的困窮によって最低限度の生活を営むことが困難な者を意味し、現に保護を受けているといないとにかかわらず、保護を必要とする状態にある者すべてが含まれる。

　また、**学校給食法**、**学校保健安全法**のなかにも就学援助に関わる規定が存在している。学校給食法において、市・町・村は要保護者に対して学校給食費を給与する場合、国はその一部を補助するとしている。学校保健安全法では、市・町・村は要保護者またはそれに準ずると認められた者の子女である児童生徒が伝染性等の疾病にかかり、学校から治療すべきとの指示を受けた時、医療費を援助することになり、その場合、国は所用経費の一部を補助することになる。

　このほかにも**生活保護法**による**教育扶助**がある。教育扶助は、義務教育に伴って必要な教科書その他の学用品、通学用品、学校給食その他必要な費用を給付するものである。これらの就学援助は、その制度の性質上、保護者の申請の有無にかかわらず行うことを原則とするが、近年、福祉行政の分野においては、自己決定という視点を重視して要保護者の選択の自由を強調する傾向にある。

現在、経済的状況の格差が生じ、その格差が教育の機会の獲得にも大きく影響していることから、「教育を受ける権利」および「教育の機会均等」を保障するためには、その経済的地位の教育機会獲得に及ぼす影響を最小限にする必要がある。

（藤原　政行）

●● 第2節　欧米の教育制度とその改革

（1）アメリカ合衆国（United States of America・米国）

①教育のしくみ（教育行政制度）

　教育行政は連邦、州、地方の3段階で実施されるが、教育は主に州の専管事項である。これは、合衆国憲法に教育の連邦権限の明示がなく、連邦は国民の福祉（幸福）向上の観点から教育へ限定補完的に関与し、最終的な教育権限は州にあるからである。

　連邦は、教育政策を実施する連邦教育省（U.S. Department of Education、本省ワシントン D.C. 地域事務所 10 ヵ所）を中心に、教育全般（就学前・初等中等・高等・成人・職業・特別支援教育等）を対象に、教育の機会均等、卓越した教育実践の開発振興普及、教育向上や教育改革のための教育統計や教育調査・研究を実施する。また、教育機関、児童生徒・学生、教職員への公財政支援も行う。他の連邦機関では、保健福祉省が就学前児童とその親へ福祉・保健・栄養・教育等のヘッドスタート事業、医科学分野への教育支援・研究助成等を所管、農務省が給食支援事業を所管、教育に関わる各種政府機関のひとつ全米科学財団が研究助成をしている。

　州は、州憲法・州法や州議会による初等中等教育と高等教育の2体制による教育行政を展開するのが一般で、州教育委員会（初等中等教育）や州立大学理事会などの意思決定機関等を設置し、教育制度の制定（公立学校制度）、教育機会の保障（公立学校、州立大学）、学区の設置、教育課程の基準策定、ハイスクール卒業要件の設定、教職員資格制度の確立などを実施している。

　地方は、州規定範囲内の学区（school district、一般行政区とは別の公立学校行政専

門の特別地区、上位州政府に対する下位地方政府）を単位に、地域住民から選出された学区教育委員会の意思決定（素人統制・layman control）により公立学校が設置、維持、管理される。なお、全米の学区数は 13,051（Census of Governments, 2007）である。

　私立の学校や大学は、州が設置・運営許可、安全・衛生監督し、初等中等教育では教職員資格（免許）取得や教育課程に関与するが、州の規制は部分的で財政支援も原則ない。私立大学については公立大学同様に学生・教員個人への連邦奨学金、研究支援を主に、障がい者の大学や国際教育・外国語教育支援などへの小規模助成事業がある。

②最近の動向・改革

　連邦、州の教育への関与は一般に部分限定的であるが、近年、学校教育の質低下、学力低下、教育成果責任（アカウンタビリティ）など重要で緊急な社会問題・課題について、臨時の諮問機関設置などの関与がみられる（例：「教育の卓越性に関する全米審議会」1982、「高等教育の未来に関する連邦教育長官諮問委員会」2005）。

　学校教育の他には、1980 年代より増加し現在全州で合法化されているホームスクーリングという在宅教育がある。また、1990 年代からは 40 余州においてチャーター（charter、州または学区間の法律による契約）による公立の初等中等学校も設置されている。これは、保護者や教師、地域等の独自理念に基づき通学区にとらわれない学校自由選択形式の設置認可を州や学区から得て公費で運営されるもので、2012 年には 6000 校（全公立学校の約 6％）超えた（U.S. Department of Education, Selected Statistics from the Public School Elementary and Secondary Education Universe: School Year 2012-13 ）。これは地域（学区）間格差、基礎学力低下、公立学校離れ、学校荒廃などを背景に設置され、近年では学校の特色をだしやすいことから普及傾向にあるが、アカウンタビリティを問われることから普及のない州もある。その一方で、連邦においては州公立校等のアカウンタビリティを重視する教育改善計画の策定推進を目指す「**落ちこぼれを作らないための初等中等教育法**」（2002）が規定された。これらの方策を継続するオバマ現大統領は政策上の優先分野に経済の確立とととともに教育を優先分野のひとつとして

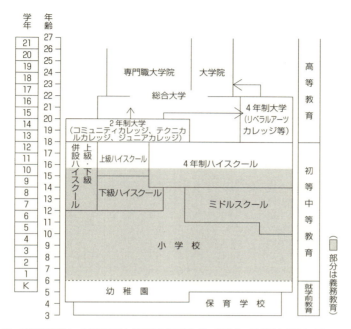

就学前教育：就学前教育は、幼稚園のほか保育学校等で行われ、通常3～5歳児を対象とする。

義務教育：就学義務に関する規定は州により異なる。就学義務開始年齢を7歳とする州が最も多いが、実際にはほとんどの州で6歳からの就学が認められており、6歳児の大半が就学している。義務教育年限は、9～12年であるが、10年とする州が最も多い。

初等中等教育：初等・中等教育は合計12年であるが、その形態は6－3（2）－3（4）年制、8－4年制、6－6年制、5－3－4年制、4－4－4年制など多様である。沿革的には、今世紀初めには8－4年制が殆どであったが、その後6－6年制、次いで6－3（2）－3（4）年制が増加し、最近はミドルスクールの増加にともない、5－3－4年制が一般的である。このほか、初等・中等双方の段階にまたがる学校もある。2010年について、公立初等学校の形態別の割合をみると、3年制又は4年制小学校6.8％、5年制小学校34.1％、6年制小学校15.0％、8年制小学校8.5％、ミドルスクール17.8％、初等・中等双方の段階にまたがる学校8.4％、その他9.3％であり、公立中等学校の形態別の割合をみると、下級ハイスクール（3年又は2年制）9.3％、上級ハイスクール（3年制）3.0％、4年制ハイスクール50.2％、上級・下級併設ハイスクール（通常6年）10.1％、初等・中等双方の段階にまたがる学校20.0％及びその他7.4％となっている。なお、初等・中等双方の段階にまたがる学校は初等学校、中等学校それぞれに含め、比率を算出している。

高等教育：高等教育機関は、総合大学、リベラルアーツカレッジをはじめとする総合大学以外の4年制大学、2年制大学に大別される。総合大学は、教養学部、専門職大学院（学部レベルのプログラムを提供している場合もある）及び大学院により構成される。専門職大学院（学部）は、医学、工学、法学などの職業専門教育を行うもので独立の機関として存在する場合（専門大学、専門職大学院大学）もある。専門職大学院（学部）へ進学するためには、通常、総合大学又はリベラルアーツカレッジにおいて一般教育を受け（年限は専攻により異なる）、さらに試験、面接を受ける必要がある。2年制大学には、ジュニアカレッジ、コミュニティカレッジ、テクニカルカレッジがある。州立の2年制大学は主としてコミュニティカレッジあるいはテクニカルカレッジである。

図 I-3-1　アメリカの教育（出典：文部科学省「諸外国の教育統計」平成26（2014）年版）

いる。最近では、学区や学校の教育成果測定の基盤としての全州共通の教育課程基準（**コモン・コア**：Common Core State Standards、英語数学等）の導入を目指すとともに、労働力革新・機会法に署名し（2014）、21世紀に求められる労働力形成を目指し連邦の職業教育等へのかかわりを定めている。2015年連邦教育省は、教育の機会均等の振興、教員や校長への支援、就学前教育の拡充、中等後教育の学費軽減・アクセス向上・質の向上、安全で前向きな学習環境などを予算支援の重点にしている。

【引用・参考文献】

文部科学省『諸外国の教育行財政』ジアース教育新社、2013年
文部科学省『諸外国の教育動向』明石書店、2015年
二宮皓『世界の学校』学事出版、2014年
アメリカ教育学会編：『現代アメリカ教育ハンドブック』東信堂、2010年
高橋和之編『新版　世界憲法集　第2版』岩波書店、2012年
外務省HP：「基礎データ/地域・国」(http://www.mofa.go.jp/mofaj/area) U.S. Department of Commerce, U.S. Census Bureau (http://www.census.gov)
米国大使館HP (japanese.japan.usembassy.gov)

(2) イギリス (U.K.-England、United Kingdom of Great Britain and Northern Ireland)

①教育のしくみ（教育行政制度）

　イギリスはグレートブリテン（イングランド、ウェールズ、スコットランド）と北アイルランドの4地域（country）からなる。各地域の歴史や行政制度は異なり、教育も同様である。本項では現在、イギリス連合王国の8割の人口を有するイングランドの教育について概観する。

　初等中等教育は国、地方、学校の3段階で、大学等の高等教育機関は法人により運営展開されている。国は、教育について就学前教育、初等中等教育、青少年関係政策を主管する教育省（DFE: Department for Education）と高等教育、継続教育、訓練、科学技術等を主管するビジネス革新技能省（BIS: Department for Business, Innovation and Skills）の2つの中央行政機関を設置し、教育サービスの提供、教育振興、教育政策、教育制度の計画・監督・規制、地方等へ補助金交付等を実施する。とくに、国の教育課程基準である**全国共通カリキュラム**（National Curriculum）を定めるとともに、教員の資格制度を管理している。

46　　第I部　教育学の理論

地方には公教育全般の責任を担う地方当局（local authority・地方自治体・現152）が設置されている。当局は、教育機会の確保、精神・道徳・知・身体的発達への寄与、教育水準の向上、公立学校の設置・維持等の義務を課せられている。その権限は、1990年代以降の自主的学校運営（Local Management of Schools）や学校裁量拡大の政策により減少しているが、地方のニーズに合う公立学校の設置・維持者として指導・助言をする。

　初等中等学校は、従来から教会等の民間団体により展開されてきた経緯から学校理事会が設置され学校の運営を担っている。その一方で近年は、自主的学校運営などの政策により学校裁量が拡大されてもいる。学校の主な権限は、全国共通カリキュラムと宗教教育を含む教育課程編成、各教科の時間配分、教職員の任用、予算運用、特色校風選定などで、学校理事会（意思決定機関）と校長（執行機関）が相補しつつ運営される。就学前と初等中等教育は公費負担により原則無償（授業料・教材・通学費）である。多くの生徒は初等学校卒業後にコンプリヘンシブ・スクール（総合性中等学校）に入学し、16歳時に実施される中等教育修了証書試験（GCES）の上位者がシックス・フォームに進み大学進学に備える。

　高等教育機関は、国から相対的に独立した法人組織が「大学の自治」のもと設立し、入学方針、教育課程、学位授与、研究など多くを管理運営している。国は多くの大学とくに医歯薬系や教員養成系に補助金を支給し間接的に大学の活動に関与し高等教育政策を進めている（公営私立／government-dependent private institutions）。国の補助金を受けずに主に学生納付金による運営をする唯一の大学に唯一バッキンガム大学がある（独立私立／independent private institutions）。大学の授業料は従来無償であったが、国が国家財政の改善を目指し1998年より受益者負担の原則を強めている。

　私立学校は、公益団体ではあるが独立学校として地方当局から維持支援されず、教育水準局等による監査はあるが全国共通カリキュラムに準ずる必要のない学校で、現在約2400校（2010年）ある。そのなかには、イートン校やハロー校などのパブリックスクール（いわゆる私立有名中等学校）などがある。

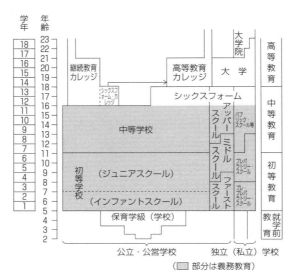

図Ⅰ-3-2　イギリスの教育（出典：文部科学省「諸外国の教育統計」平成26（2014）年版）

就学前教育：保育学校及び初等学校付設の保育学級で行われる。

義務教育：義務教育は5〜16歳の11年である。

初等教育：初等教育は、通常6年制の初等学校で行われる。初等学校は、5〜7歳を対象とする前期2年（インファント）と7〜11歳のための後期4年（ジュニア）とに区分される。両者は1つの学校として併設されているのが一般的であるが、一部にはインファントスクールとジュニアスクールとして別々に設置しているところもある。また一部において、インファント（スクール）・ジュニア（スクール）に代えてファーストスクール（5〜8歳、5〜9歳など）及びミドルスクール（8〜12歳、9〜13歳など）が設けられている。

中等教育：中等教育は、通常11歳から始まり、7年間続く。最後の2年間は義務教育後となるが、就職者もパートタイムの教育・訓練が義務づけられている（2014年〜）。公立・公営の中等学校は原則無選抜だが、選抜制の学校（グラマー・スクール）とモダン・スクールに振り分ける地域も一部にある。義務教育後の中等教育の課程・機関としては、中等学校に設置されているシックスフォームと呼ばれる課程及び独立の学校として設置されているシックスフォーム・カレッジがある。ここでは、主として高等教育への進学準備教育が行われる。

初等・中等学校は、経費負担などの観点から、地方（教育）当局が設置・維持する公立・公営学校及び公費補助を受けない独立学校の2つに大別される。近年、公費により維持されるが設置・運営面で独立校に近いアカデミー（公営独立学校）が増えている。独立学校には、いわゆるパブリック・スクール（11、13〜18歳）やプレパラトリー・スクール（8〜11歳、13歳）などが含まれる。

高等教育：高等教育機関には、大学及び高等教育カレッジがある。これらの機関には、第一学位（学士）取得課程（通常修業年限3年間）のほか、各種の専門資格取得のための短期の課程もある。1993年以前は、このほか、ポリテクニク（34校）があったが、すべて大学となった。また、継続教育カレッジにおいても、高等教育レベルの高等課程が提供されている。

継続教育：継続教育とは、義務教育後の多様な教育を指すもので、一般に継続教育カレッジと総称される各種の機関において行われる。青少年や成人に対し、全日制、昼・夜間のパートタイム制などにより、職業教育を中心とする多様な課程が提供されている。

②最近の動向・改革

　近年のイギリスでは、成人の基礎的学力（読み書き計算）低下により、日常生活に問題が生じる者が多数いるとされ、1997年総選挙によるブレア政権（労働党）は重要政策に教育を掲げ、国際競争のなかで活躍する国民育成を目指した。1998年には初等学校低学年の学級編成上限を30名に、2002年には、地方当局の管理が弱く学校裁量権が大きいアカデミーが開校されている（施策は2000年で教育困難中等学校を民間の資金や手法を活用し再生を目指す公営独立学校、その後初等学校に拡大）。2013年には16歳までの義務教育修了年限が、2年引き上げられ18歳までの教育または訓練の継続義務化が施行された。また、学校の主体性の強化を目指し、学校理事会の重視や校長の権限が拡大されつつある。こうした近年の学校裁量の拡大はイギリス教育史上の大きな特徴で、2010年保守党・自由民主党連立政権成立、2015年総選挙による保守党単独・キャメロン政権発足後も継続している。とくに、アカデミーの拡大は顕著で、学校裁量の拡大によって教育の質向上、学力差の是正、多様な学校制度の創出を目指す初等中等教育改革が続いている（2014年には中等学校の半数がアカデミーに転換）。なお一連の地方当局の管理から支援化など学校裁量拡大は、学校のアカウンタビリティ（教育成果に対する責任）の強化と一体化して進められ、教育改善を自主的に、学校間で共有しつつ改善されることが期待されている。他の動向に、2014年から初等学校での外国語の必修化（第3〜9学年）がある。

【引用・参考文献】

文部科学省『諸外国の教育行財政』ジアース教育新社、2013年
文部科学省『諸外国の動向』明石書店、2015年
二宮皓『世界の学校』学事出版、2014年
榎本剛『英国の教育』自治体国際化協会、2002年
外務省HP「基礎データ／地域・国」（http://www.mofa.go.jp/mofaj/area）
英国大使館HP（www.gov.uk/government/world/japan）

（3）フランス（French Republic）

①教育のしくみ

　フランスは中央集権的制度のもとに、教育は国の公的サービスとされ国の保障のもとで教育行政が展開されている。これは、現在でも有効な1946年制定

第3章　教育の制度とその改革　49

のフランス第 4 共和制憲法の前文に「国は子どもと成人が教育、職業訓練及び教養を平等に受けることを保障する。あらゆる段階で無償かつ非宗教の公教育を組織することは、国家の義務である」（現行憲法は 1958 制定の第 5 共和政憲法）とあることによる。

　国は教育政策全体を所管する国民教育省と高等教育研究省が設置し、国内の教育制度の一貫性保持と平等を確保するために、教育政策の策定、教育課程の制定、教員採用、監督・評価などを行う。全国は海外県も含め 30 の大学区という教育行政区画に分けられ、それぞれに大統領任命で国民教育大臣代理の大学区長が置かれ、区内の全教育課程に責任をもつとともに、とくに**リセ**（後期中等教育学校、日本の高校相当）の監督を行っている。大学区長のもと県レベルには大学区国民教育事務局長が置かれ県が設置・維持する**コレージュ**（前期中等教育学校、日本の中学校相当）の監督を行い、市町村には国民教育視学官が市町村が設置・維持する小学校と幼稚園の監督を行う。

②初等中等教育

　フランスの義務教育は 6~16 歳の 10 年間で小学校とコレージュで行われる。小学校は教育課程基準を示した学習指導要領のもと週 4 日半制で学級担任制の教育が 5 年間展開される。小学校卒業後、前期中等教育学校の 4 年制のコレージュに進み、教科担任制の教師の授業、生徒指導や進路指導は専門職による教育を受ける。そこでの観察・進路指導により後期中等教育学校のリセに振り分けられる。リセは 3 年制のリセと 2~3 年制の職業リセがある。リセの最終学年 6 月には国家資格の中等教育修了資格兼大学入学資格である**バカロレア**取得試験を受験する。バカロレアは普通、技術、職業の 3 種類で全国一斉に実施され、中等教育の達成度の測定を基本としている。

③高 等 教 育

　フランスの高等教育は、バカロレア資格取得で入学できる一般の大学と資格取得後にさらに 2 年間の準備教育と選抜試験の合格が必要な高度専門職業人いわゆるエリート養成の高等職業教育を行う**グランゼコール**（国立行政学院、高等師範学校、理工科大学校等）がある。国立の高等教育機関の授業料は原則無償で、グランゼコールの学生には公務員として所定の手当が支給される。

50　　第 I 部　教育学の理論

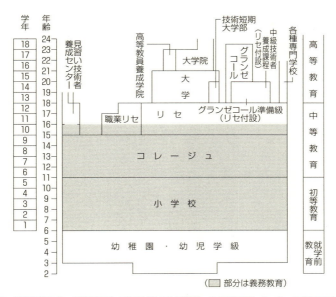

就学前教育：就学前教育は、幼稚園又は小学校付設の幼児学級・幼児部で行われ、2～5歳児を対象とする。
義務教育：義務教育は6～16歳の10年である。義務教育は年齢で規定されている。留年等により、義務教育終了時点の教育段階は一定ではない。
初等教育：初等教育は、小学校で5年間行われる。
中等教育：前期中等教育は、コレージュ（4年制）で行われる。このコレージュでの4年間の観察・進路指導の結果に基づいて、生徒は後期中等教育の諸学校・課程に振り分けられる（いわゆる高校入試はない）。後期中等教育は、リセ（3年制）及び職業リセ等で行われる。職業リセの修業年限は2～4年であったが、2009年度より2～3年に改められた。
高等教育：高等教育は、国立大学（学士課程3年、2年制の技術短期大学部等を付置）、私立大学（学位授与権がない）、3～5年制の各種のグランゼコール、リセ付設のグランゼコール準備級及び中級技術者養成課程（いずれも標準2年）等で行われる。これらの高等教育機関に入学するためには、原則として「バカロレア」（中等教育修了と高等教育入学資格を併せて認定する国家資格）を取得しなければならない。グランゼコールへの入学に当たっては、バカロレアを取得後、通常、グランゼコール準備級を経て各学校の入学者選抜試験に合格しなければならない（バカロレア取得後に、準備級を経ずに直接入学できる学校も一部にある）。教員養成機関として高等教員養成学院がある（2013年までは教員教育大学センター）。

図 I -3-3　フランスの教育　（出典：文部科学省「諸外国の教育統計」平成26（2014）年版）

第3章　教育の制度とその改革　51

④私 立 学 校

　私立学校は就学前教育から高等教育段階まで存在するが、児童・生徒数、学生数は全就学者の2割弱程度である。私立の高等教育機関は学位授与権がなく年限も多様で、主に宗派学校、技術学校、商業学校などがある。

⑤最近の動向・改革

　フランスの教育政策の基盤には平等の理念があり、国が均質な教育サービスを保障し続けている。しかし近年では、画一的平等が能力に応じない場合もあり、各人の多様性を尊重しつつ能力別学習集団の形成など差異化教育も導入している。政府は教育目標をすべての児童・生徒、学生の「成功」を保障する、とした政策をとり、初等中等教育では社会的、経済的、文化的境遇に起因する学業成功の格差の解消を目指し、教育課程の基準改定、中等退学者対策、いじめ対策、学校のデジタル時代への対応、教員数の増加、教員の基礎資格の修士号への引上げ、などを行っている。高等教育では学生の生活や経済状況が学業の成功に影響するとして、奨学金など学生生活条件の改善を行っている。

【引用・参考文献】

文部科学省『諸外国の教育行財政』ジアース教育新社、2013 年
文部科学省『諸外国の動向』明石書店、2015 年
二宮皓『世界の学校』学事出版、2014 年
フランス教育学会編『フランス教育の伝統と革新』大学教育出版、2009 年
高橋和之編『新版　世界憲法集　第 2 版』岩波書店、2012 年
外務省 HP「基礎データ / 地域・国」(http://www.mofa.go.jp/mofaj/area)
フランス大使館 HP (www.ambafrance-jp.org/)

（4）ドイツ連邦共和国（Federal Republic of Germany）

①教育のしくみ

　ドイツは自治権をもつ 16 州で構成される連邦制度のもと、憲法に相当する**ドイツ連邦共和国基本法**（Grundgesetz・1949 年制定）を制定している。そのなかで教育については、子どもの保護及び教育は、親の自然の権利で親に課せられた義務とし、教育に関する具体的な国家規定がない。そのため、教育は州の権限とされている。各州はそれぞれ憲法をもつとともに、文化連邦主義の理念によって、教育・学術・文化について独自の権限を有する「文化高権（Kulturhoheit）」をもち、各州は教育担当省を設置し学校制度や義務教育年限、大学制度について独自に法律を定め教育行政を展開している。

②初等中等教育

教育は「文化高権」により各州の専管事項となっており、州は州憲法のもとに政策、制度、就学年齢、義務教育年限、教育目標、教育課程、ギムナジウム修了資格、教員資格などの基準を設定し、教科書の認可や教員の養成・研修、教員の任免も行う。教育行政は州中央の教育所管庁、地方の行政管区学校部や州学務局などの2～3段階で教育全般を所管している。群や市町村には州から配置された視学が初等中等学校を監督指導し、郡や市町村の権限は初等中等学校の設置と維持、非教育系職員の配置や教材調達などに限られている。

なお、ドイツ国内での共通的枠組みの確保から各州文部大臣会議（KMK）が設置され、生徒等が州間を移動しても不利とならないようにするなど、州間の教育政策・制度の違いを調整するしくみがある。

実際の学校制度は三分岐型の複線型が特徴である。初等教育の基礎学校卒業後にハウプトシューレ（基幹学校）、実科学校、ギムナジウムのいずれかに進学し、その卒業後は就職や職業訓練、マイスターを志望し職業教育学校、大学へ進学する。

また州は「文化高権」により就学前教育、高等教育、成人教育、継続教育についても立法権を有し、その教員は原則として州公務員として採用する。高等教育では州が総合大学、高等専門学校などを設置するが、基本法は限定的に連邦が学術や研究計画、研究助成などへの関与協力を認めている。

③私 学 教 育

私立の教育機関は就学前教育から高等教育や成人教育に至るまで広く存在する。初等中等教育では公立学校の代替として普通教育を提供する代替学校（Ersatzschule）と義務教育後の職業教育を提供する補完学校（Ergänzungsschule）の2種類がある。代替学校の多くはキリスト教系学校であるが、独自理念をもつシュタイナー学校や田園教育舎などもある。高等教育の私立学校は社会福祉関係の高等専門学校が3割を占めるが、小規模なものが多く私立学生の在籍者数は高等教育全体の5%程度にすぎない。

第3章　教育の制度とその改革　　53

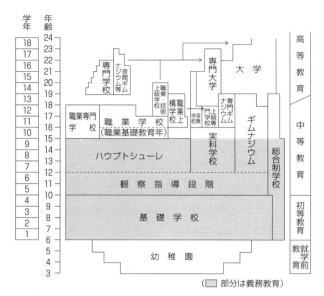

（☐ 部分は義務教育）

就学前教育：幼稚園は満3歳からの子供を受け入れる機関であり、保育所は2歳以下の子供を受け入れている。
義務教育：義務教育は9年（一部の州は10年）である。また、義務教育を終えた後に就職し、見習いとして職業訓練を受ける者は、通常3年間、週に1～2日職業学校に通うことが義務とされている（職業学校就学義務）。
初等教育：初等教育は、基礎学校において4年間（一部の州は6年間）行われる。
中等教育：生徒の能力・適性に応じて、ハウプトシューレ（卒業後に就職して職業訓練を受ける者が主として進む。5年制）、実科学校（卒業後に職業教育学校に進む者や中級の職に就く者が主として進む。6年制）、ギムナジウム（大学進学希望者が主として進む。8年制又は9年制）が設けられている。総合制学校は、若干の州を除き、学校数、生徒数とも少ない。後期中等教育段階において、上記の職業学校（週に1～2日の定時制。通常3年）のほか、職業基礎教育年（全日1年制）、職業専門学校（全日1～2年制）、職業上構学校（職業訓練修了者、職業訓練中の者などを対象とし、修了すると実科学校修了証を授与。全日制は少なくとも1年、定時制は通常3年）、上級専門学校（実科学校修了を入学要件とし、修了者に専門大学入学資格を授与。全日2年制）、専門ギムナジウム（実科学校修了を入学要件とし、修了者に大学入学資格を授与。全日3年制）など多様な職業教育学校が設けられている。また、専門学校は職業訓練を終えた者等を対象としており、修了すると上級の職業資格を得ることができる。夜間ギムナジウム、コレークは職業従事者等に大学入学資格を与えるための機関である。
なお、ドイツ統一後、旧東ドイツ地域各州は、旧西ドイツ地域の制度に合わせる方向で学校制度の再編を進め、多くの州は、ギムナジウムのほかに、ハウプトシューレと実科学校を合わせた学校種（5年でハウプトシューレ修了証、6年で実科学校修了証の取得が可能）を導入した。
高等教育：高等教育機関として、大学（総合大学、教育大学、神学大学、芸術大学など）と専門大学がある。修了に当たって標準とされる修業年限は、通常、大学で4年半、専門大学で4年以下とされている。また近年、国際的に通用度の高い学士・修士の学位取得課程（修業年限はそれぞれ3年と2年）も大学や専門大学に設置されている。

図Ⅰ-3-4　ドイツの教育（出典：文部科学省「諸外国の教育統計」平成26（2014）年版）

④最近の動向・改革

近年では州と同格のベルリン市のように教育課程の学校裁量を認め、2言語で授業を行うヨーロッパスクールや特定教科の英才教育課程などをもつ公立学校が存在する。

2001年発表のOECDによる生徒学力到達度調査はドイツの学力が国際的に高くないことを示し、「PISAショック」といわれるほどの衝撃を与えた。それ以降ドイツは国家レベルで獲得すべき能力基準を示す教育スタンダード、全国学力テスト、一般的に学校は半日制であったものを終日制の学校を拡大するなどの学校改革を進めている。こうした改革は各州文部大臣会議が主導的に行うが、近年では義務教育年限、「教育スタンダード」（2003~04、2012年）、「教員養成スタンダード」（2004年）、「外国語能力の強化に関する勧告」（2011年）など重要な協定や勧告を行っている。

他の改革では、ギムナジウム修了時に実施されるギムナジウム修了資格兼大学入学資格の「アビトゥア」試験は従来州ごとに実施されていたが、2017年度には全16州で共通問題で実施される予定などがある。

（永塚　史孝）

【引用・参考文献】

文部科学省『諸外国の教育行財政』ジアース教育新社、2013年
文部科学省『諸外国の動向』明石書店、2015年
二宮皓編著『世界の学校』学事出版、2014年
マックスプランク教育研究所研究者グループ著、天野 正治・木戸 裕・長島 啓記監訳『ドイツの教育のすべて』東信堂、2006年
高橋和之編『新版　世界憲法集　第2版』岩波書店、2012年
外務省HP「基礎データ／地域・国」（http://www.mofa.go.jp/mofaj/area）
ドイツ連邦共和国大使館・総領事館HP（www.japan.diplo.de/Vertretung/japan/ja）

第3節　アジアの教育制度とその改革

(1) 中　　　国

中華人民共和国（以下、中国）における教育制度は1949年の建国から70年代中頃までは共産主義に則った教育が行われた。80年代に入ると改革開放路線

が選択され、教育もまた建国以来の課題を解決することが可能になった。

①「80後」義務教育の歴史と現状

1980年代に、中国では「四つの近代化（工業・農業・科学技術・国防）」実施が急務となり、これらの基本である教育の近代化もまた重視された。1985年に「教育体制の改革に関する決定」が、翌1986年に「義務教育法」が公布され、基本的に小学6年・初級中学（初中）3年の9年制となった。普通科には一般校・実験校・附属校・一貫校・希望学校があり、かつて存在した重点校の代替として実験校や付属校あるいは一貫校への人気が高い。

また、越境入学のような「学校選択生」制度があり、本来入学資格のない生徒に対して一定の入学金などを課すことによって入学している。この問題の背景には、所得が劇的に上がったことと、1979年より実施された「一人っ子政策」が絡みあい、受験戦争を低年齢より加熱させていると考えられる。

さらに、近年深刻さを増しているのが「農民工子弟問題」である。中国では都市戸籍と農村戸籍に分かれており、出稼ぎの農村戸籍子弟は高額な学費を払って都市部の学校に通ったり、無認可の学校に通うなどの矛盾が出てきて大きな社会問題となっている。

②後期中等教育の特徴

義務教育後は後期中等教育機関として、日本の普通科に相当する高級中学（高中）と、職業学校とに分化している。職業学校は中等専門学校（中専）・職業中学（職高）・技術労働者学校（技校）の別がある。初中から高中へ進学する際には「中考」と呼ばれる関門がある。

③高等教育の特徴

高等教育は普通大学である本科大学（4〜5年）・専科大学（2〜3年）と、職業大学の二種類がある。本科・専科大学では学位が取得できるが、職業大学を卒業しても学位は取れない。その上位機関として研究生制度（日本の大学院に相当）・中国科学院や中国社会科学院などの研究所があり、研究者の養成を行っている。

(2) 台　　湾

中華民国（以下、台湾と略称）では第二次世界大戦直後は 6・3・3 のアメリカ式であったが、1968 年より小学 6 年・中学 3 年の 9 年間を国民基本教育期間とした。当時は小学校のみ無償であった。1979 年に「国民教育法」を改訂して 9 年間を義務教育と制定、2014 年度より義務教育が高校まで延長された。

① 12 年国民基本教育

以前は、統一試験（国民中学校学生基本学力試験）の成績によって中学校卒業後高校（3 年制）や専科学校（5 年制）へ推薦入学したり、進学していた。現在は普通高校（高級中学）と職業高校（高級職業高中）とに分類され、普通高校生だけでなく職業高校生の 7 割も上位学校へ進学している。

② 後期中等教育の 4 路線

現在、台湾の後期中等教育、すなわち日本でいう高校部分の学校には、大学進学を目標とする普通高中・専門知識や技能を学ぶ高級職業高中・生徒の適性を重視する総合高中・日本の高専に相当する 5 年制専科学校の 4 路線がある。

③ 9 年一貫カリキュラム

台湾教育部は 1998 年「**9 年一貫課程綱要草案**」を頒布し、小中学校の学習指導要領を 10 年ごとに改訂することを通知した。この草案には「国民のリテラシーとしての 10 大基本能力」の新設が謳われている。大きく 3 分野（学習者・社会環境・自然環境）に分かれており、その具体的内容は以下の通り（表 I -3-1）。

表 I -3-1　国民のリテラシーとしての 10 大基本能力

学　習　者		
自己理解と潜在能力の発揮	鑑賞、表現と創造	人生設計と生涯学習

社　会　環　境			
表現、コミュニケーションと情報の分かち合い	尊重、関心と団体協力	文化学習と国際理解	計画、組織と実践

自　然　環　境		
科学技術と情報の運用	能動的な探索と研究	独立的な思考と問題解決

第 3 章　教育の制度とその改革　　57

表 I -3-2　7大学習領域

- 語文学習領域
- 数学学習領域
- 社会学習領域
- 芸術・人文学習領域
- 自然・生活科学技術学習領域
- 健康・体育学習領域
- 総合活動学習領域

　さらに、7大学習領域によってカリキュラムを構成した。これは、以前行われていた丸暗記や断片的知識偏重を打破するために、教科主義ではなく広域で教育内容を再編成する融合カリキュラムの方法を選択したものである（表 I -3-2）。

　9年一貫カリキュラムは2001年から段階的に実施され、2008年には「綱要」の改定、郷土化から本土化、国際化教育の重視、学習領域の一部修正、海洋教育の導入などが盛り込まれた。

（池間　里代子）

【引用・参考文献】

和井田清司他編著『東アジアの学校教育―共通理解と相互交流のために』三恵社、2014年
宋婷『回溯与反思：新中国成立以来高校法制教育历程研究』南开大学出版社、2014年

(3) 韓　　　国

①韓国の学校の現状

　韓国の教育制度は、1948年に公布された大韓民国憲法によって教育理念と教育制度運営の基本的枠組みが制定された。憲法による教育理念は、「能力に応じた教育を受ける権利の保障」「生涯にわたる教育の保障」「創造と開拓の精神で国家建設に参加する国民精神の育成」などを規定している。さらに1949年に公布された教育法によって教育の基本原理が定められ、その後、数回の改定がされた。現在は6・3・3・4年制をとっており、義務教育は初等教育6年、中等教育3年の計9年である。基本的には満6歳で初等学校に入学するが、学校長の許可があれば5歳からの進学が可能であり、逆に事情があれば1年単位で進学が猶予される。大学入試の際には、「**大学修学能力試験**（修能試験）」という共通テストを国公私立を問わず受験しなければならない。また、2013年度からすべての職業高校に職業基礎能力評価テストを導入した。

　韓国は、学歴社会であるため、進学率が高く、高等教育機関への進学率は、2010年には80%を超えている。それに伴い私教育費（家庭教師、塾などの費用）

58　　第 I 部　教育学の理論

が高く、家計を圧迫するとともに格差をもたらす原因ともなっている。

　また、韓国はPISAで優秀な成績を収めているという特徴がある。PISA（Programme for International Student Assessment）とは、15歳児を対象とした読解力分野、数学的リテラシー分野、科学的リテラシー分野の学習到達度調査である。2000年に第1回目の調査を実施し、以後3年ごとに行っている。OECD加盟国において韓国は読解力は2006年1位、2009年1位、2012年2位、数学的リテラシーは2009年1位、2012年1位、科学的リテラシーは2009年3位、2012年4位であった。全体的に毎回3分野ともに上位にランキングしているが、とくに読解力に優れた結果が現れている。韓国の教育改革は、時代の要請に応じて素早くなされており、すでにデジタル教科書も小・中・高校で導入されているが、生徒の読書量が低下したなどの問題も出ている。

②韓国の教育改革

　李明博政権（任期2008年2月〜2013年2月）では、教育科学技術省の改革、職業高校への職業基礎能力評価テスト導入、初等中等教育における読書活動の活性化プラン、数学教育先進化プラン、「韓国史」の必修化、スマート教育推進戦略などを打ち出した。スマート教育とは、タブレット型端末やスマートフォンを活用した教育や学習システムなど、知識情報社会のニーズにあった教授・学習体制のことであり、スマート教育推進戦略は教育のIT化に関する計画である。続く朴槿恵政権（任期2013年2月〜）では、近年の大きな事故を受けての教育分野安全総合対策や国の定める教育課程以外の内容を教授・学習することやカリキュラムの範囲外からの出題を法律で禁止、また遠隔画像進路メンタリング事業の拡大による地方の児童・生徒はオンライン・キャリア教育の実施などの政策を行っている。

③韓国の教育の問題点

　2012年に韓国教育開発院が行った教育世論調査では、政府がもっとも急いで解決すべき教育問題として、「学生の人間性・道徳性低下」（34.5％）「校内暴力」（34.5％）「高い教育費負担」（11.6％）「教師の権威低下」（7.2％）「学生の人権低下」（6.8％）という意見があがった。韓国の学生のモラルの低下によるさまざまな影響に対して学校教育が対処しきれていない現状が浮き彫りとなっている。

第3章　教育の制度とその改革　59

また、スマートフォンの普及によりネットのなかでのいじめやスマートフォン中毒が増加し、深刻な問題となっている。日本でも同じ問題はあるが、対処は自治体や学校に委ねられており、使用時間の制限や学校への持ち込み禁止などが行われている。一方、韓国では「初中等教育法施行令」で、各学校において携帯電話の使用に関する規則を定めることを義務づけている。学校によっては、授業前に教員に預けさせたり、教員が生徒のスマートフォンおよび関連機器の使用を遠隔制限できるアプリケーションが開発されたりと、スマートフォンの使用を禁止しようとする学校側と使用しようとする生徒との攻防が展開されている。さらに、韓国特有の問題として脱北者の問題がある。近年、脱北学生の数は増加傾向にあり、その家族に対する経済的支援および教育など韓国の抱える課題は大きい。

（宮崎　智絵）

【引用・参考文献】

文部科学省『諸外国の教育動向　2011年度版』明石書店、2012年
文部科学省『諸外国の教育動向　2014年度版』明石書店、2015年
湯藤俊吾『危機に瀕する韓国教育—重圧に耐えられない生徒—』東京図書出版、2015年

教育行政の原理と組織

　教育行政は中央教育行政と地方教育行政とに分けられる。中央教育行政の中心になるのが、文部科学省であり、地方教育行政の中心になるのが教育委員会である。本章では、まず教育基本法、中央教育審議会の答申などにより、教育行政の基本原理について考察し、次に、国の教育行政のしくみと役割として、文部科学省の組織を概説する。そして、地方の教育行政のしくみと役割では、教育委員会の組織について概説する。本来、教育とは地域の特性や地域の住民の教育に対する意思を十分に反映して行われるべきものである。今日では「地方教育行政の組織及び運営に関する法律」などの改正により、国、地方公共団体の教育行政に対する役割分担のあり方が見直され、相互の協力の下で適正に行われるようになってきている。

第1節　教育行政の基本原理

　2006（平成18）年に改正された教育基本法は、第16条で、教育は不当な支配に服することなく、行われるべきものであり、「教育行政は、国と地方公共団体との適切な役割分担及び相互の協力の下、公正かつ適切に行われなければならない。」「国は、全国的な教育の機会均等と教育水準の維持向上を図るため、教育に関する施策を総合的に策定し、実施しなければならない」としている。また、「地方公共団体は、その地域における教育の振興を図るため、実情に応じた教育に関する施策を策定し、実施しなければならない」と定めている。さらに、「国及び地方公共団体は、教育が円滑かつ継続的に実施されるよう、必要な財政上の措置を講じなければならない」と規定している。ここでいう「不当な支配」とは、教育の中立性を阻害するような偏った干渉をいうのであって、教育が政治的権力等によって不当に支配されることなく、民主的な手続きにより制定された法律に即して行われるべきことを明示している。こうした教育行政のあり方

は、戦前の国家による教育への干渉・統制に対する反省から生まれた原理である。

　教育基本法の改正を受け、教育再生会議は、2007年に第1次報告「社会総がかりで教育再生を―公教育再生への第一歩―」を提出した。また、中央教育審議会においても、同年、「教育基本法の改正を受けて緊急に必要とされる教育制度の改正について」を答申し、教育行政における、国・都道府県・市町村の役割分担のあり方等を見直すことを提言している。これに基づき、2007（平成19）年6月、「地方教育行政の組織及び運営に関する法律」が改正された。改正のポイントは、①教育委員会の責任体制の明確化（合議制の教育委員会は、基本的な教育方針を策定、教育委員会規則の制定・改廃、教育機関の設置・廃止、教職員の人事、教育活動の点検・評価、教育予算等に関する意見の申し出についてみずから管理執行することを規定した。）②教育委員会の体制の充実（市町村は近隣の市町村と協力して教育委員会の共同設置等の連携を進め、教育行政の体制の整備・充実に努めること、教育委員の責務を明確にし、国・都道府県が教育委員の研修等を進めることと規定している。）③教育における地方分権の推進（教育委員の数を弾力化し、教育委員への保護者の選任を義務化すること、文化・スポーツの事務を首長が担当できるようにすることと規定している。）④教育における国の責任の果たし方（教育委員会の法令違反や怠りによって、緊急に生徒等の生命・身体を保護する必要が生じ、他の措置によってはその是正を図ることが困難な場合、文部科学大臣は是正・改善の「指示」ができる。教育委員会の法令違反や怠りによって、生徒等の教育を受ける権利が侵害されていることが明らかである場合には、文部科学大臣は、講ずべき措置の内容を示して、地方自治法の「是正の要求」を行う旨の設定を設ける。）⑤私立学校に関する教育行政（知事は、私立学校に関する事務について、必要があると認める時は、教育委員会に対し、学校教育に関する専門的事項について助言・援助を求めることができる旨の規定を設ける。）とある。この改正の趣旨は、教育における国、教育委員会、学校の責任を明確にし、保護者が安心して子どもを学校に預け得る体制を構築することである。

　本来、教育に関する事項は、各地方公共団体が地域住民の声を反映させながら、地域の実情に応じて主体的に行うべきであり、文部科学省と地方教育委員会との新しい連携協力体制のもとに、地域に根ざした主体的で積極的な地方教育行政が展開されなければならない。

第2節　国の教育行政のしくみと役割（文部科学省）

　国の教育行政組織は、**文部科学省**（Ministry of Education, Culture, Sports, Science and Technology）である。文部科学省は、2001（平成13）年1月中央省庁等の改革により文部省と科学技術庁が統合したものである。文部科学省の長は文部科学大臣であり、教育に関する主任の大臣として国の教育行政事務を分担掌理する。文部科学大臣の権限には、次のようなものがある。

①所掌事務を統括し、職員の服務を統督すること

②法律・政令の制定・改廃について閣議を求めること

③法律・政令の施行のため、若しくはその特別の委任によって文部科学省令を発すること

④公示の必要な場合に告示を発すること

⑤所掌事務について、命令または示達のため、訓令・通達を発すること

⑥行政機関相互の調整を図る必要がある場合、関係機関の長に対し必要な資料の提出・説明を求め関係行政機関の政策に関して意見を述べること（「国家行政組織法」第10条〜第15条）

　また、文部科学大臣の命を受けて、教育政策および企画をつかさどり、政務を処理し、大臣不在の場合にはその職務を代行する文部科学副大臣が2名おかれている。

　文部科学省の任務は、「教育の振興及び生涯学習の推進を中核とした豊かな人間性を備えた創造的な人材の育成、学術、スポーツ及び文化の振興並びに科学技術の総合的な振興を図るとともに、宗教に関する行政事務を適切に行うこと」と定められている（「文部科学省設置法」第3条）。また、文部科学省の所掌事務の具体的な内容は、文部科学省設置法第4条に97項目にわたって列記されているが、「教育・学術・文化・宗教に関する事項」「学校教育・社会教育に関する事項」「地方教育行政に関する事項」「科学技術に関する事項」に大別することができる。

　文部科学省の組織は、本省と外局の文化庁からなり、本省には、大臣官房、国際統括官、生涯学習政策局、初等中等教育局、高等教育局、科学技術・学術

政策局、研究振興局、スポーツ・青年局のほか、**中央教育審議会**などの各種審議会（教科用図書検定調査審議会、大学設置・学校法人審議会、科学技術・学術審議会、宇宙開発委員会、放射線審議会、文化審議会、宗教法人審議会、国立大学法人評価委員会、文部科学省独立行政法人評価委員会）が置かれている。

　国の教育政策を立案する際には、審議会による審議を経る場合が多い。審議会は文部科学大臣からの諮問に対して、調査研究をふまえた審議を行い、答申を提出する。この答申の多くは教育政策に反映され、法令などの改正が行われる。とくに、中央教育審議会には５つの分科会（教育制度、生涯教育、初等中等教育、大学、スポーツ・青少年の各分科会）が置かれており、教育・学術・文化などに関する基本的な施策について各種の専門的知識を導入し慎重に審議した上で、文部科学大臣に建議する、教育行政にとって重要な機関である。最近出された中央教育審議会の答申には、「教育振興基本計画について―『教育立国』の実現に向けて―」（2008 年 4 月）、「今後の学校におけるキャリア教育・職業教育の在り方について」（2011 年 1 月）、「教職生活の全体を通じた教員の資質能力の総合的な向上方策について」（2012 年 8 月）、「今後の地方教育行政の在り方について」（2013 年 12 月）、「道徳に係る教育課程の改善等について」（2014 年 10 月）、「新しい時代にふさわしい高大接続の実現に向けた高等学校教育、大学教育、大学入学者選抜の一体的改革について」（2014 年 12 月）などがある。

　なお、諸外国の教育行政組織は教育に対する各国の歴史・文化・経済・政治的条件により差異がみられる。たとえば、アメリカの教育行政に関する事項は、基本的に各州の州法で定められている。各州および各地方学区に教育委員会が設けられ、公立学校の設置・運営・教育課程の基準および編成などに大きな権限が与えられている。また、1980 年に連邦教育省が設けられ、教育への国家の関与が浸透しつつある。イギリスの教育行政は、中央に教育技能省が設置され地方教育行政を担当する参事会教育専門委員会が各段階の学校を管理する権限を有している。参事会教育専門委員会は、主に初等中等学校の管理・運営を担当するが、実質的には各学校理事会に多くの権限を委譲している。フランスの教育行政は、伝統的に中央集権的であり国民教育・高等教育・研究省が設置され、教育課程の基準の設定、教員の任用など広範な権限が与えられている。

地方には、大学区総長（地域圏）・大学区視学官（県）・国民教育視学官（市町村）が置かれ、各学校を直接管理している。ドイツの教育行政は、主として高等教育を担当する連邦教育研究省と各州におかれている文部省、県学校部・郡学校部より構成されている。州ごとに初等中等教育についての学校制度・教育課程の基準を設定し、視学官を通じて各学校を管理運営している。

　ところで、国と地方の教育行政機関の権限関係については、さまざまな問題が存在していた。今まで国は、専門的・技術的な**指導**、**助言**を与えることができ、国から地方に対する指導、助言が積極的に行われてきた。たとえば、国や都道府県教育委員会により各地方公共団体の教育長の任命承認が行われてきた。また、文部大臣および都道府県教育委員会は、市町村教育委員会の教育に関する事務管理および執行が法令の規定に違反している場合には、違反の是正・改善を求めることができる措置要求権を有していた。しかし、教育行政の分権化が進展するにつれて、これまでの国と地方との縦の行政系列のしくみがあらためられてきている。教育長の任命承認制度は廃止され、財政面でも義務教育費国庫負担制度の改廃が議論されるなど都道府県、市町村への財源移譲が検討されている。さらに、地方教育行政法の組織及び運営に関する法律も「必要な指導、助言又は援助を行うことができる」（第48条）と改正されるなど、国の指導がより限定的なものになってきた。

第3節　地方の教育行政のしくみと役割（地方教育委員会）

　わが国の**教育委員会制度**は、1956（昭和31）年に成立した「地方教育行政の組織及び運営に関する法律」（以下、地教行法）に基づいて運用されている。教育委員会はすべての都道府県・市町村に置かれ、地方教育行政の中心的機関として機能している。2013（平成25）年5月現在、教育委員会の数は、都道府県47、市町村786、特別区23、町742、村183である。このほか、さまざまな事情から複数の地方公共団体が事務を共同処理するために設置した一部事務組合、全部教育事務組合という設置形態もある。

　教育委員会は教育長および4人の**教育委員**（ただし、条例の定めるところにより、

第4章　教育行政の原理と組織　　65

都道府県・若しくは市又は地方公共団体の組合のうち都道府県若しくは市が加入する教育委員会の場合は6名、町村の場合は3名とすることができる）で組織される合議制の執行機関である（地教行法第3条）。教育長は、人格が高潔で、教育行政に関して識見を有する者のうちから、また、教育委員は、人格が高潔で、教育・学術および文化に関して識見を有する者のうちから、地方公共団体の長が議会の同意を得て任命する。教育長の任期は3年、教育委員の任期は4年、再任も可能であるとしている（地教行法第4条2・3項、第5条）。教育長および教育委員の任命にあたって、そのうち委員の定数に一を加えた数の二分の一以上の者が同一の政党に所属することになってはならず、年齢、性別、職業等に著しい偏りがあってはならないとされている（地教行法第4条4・5項）。教育長は、教育委員会の会務を総理し、教育委員会を代表するとあり、原則として、教育長および教育委員の過半数が出席しなければ会議を開き、議決することはできない。会議の議事は、出席者の過半数で決し、可否同数の時は、教育長が決するとされている。また、事故等によって教育長が欠けた場合には、あらかじめ指名された教育委員がその職務を代行することになる（地教行法第14条）。教育委員会議は、原則公開され、地域住民が容易に傍聴することができるよう広報上の工夫がなされなければならない。

　教育委員は非常勤の地方公務員であり、地方公共団体の議会議員、その他の行政委員の委員、地方公共団体の常勤職員との兼職が禁止されており、守秘義務、政治活動の制限などの服務についての規定もある。

　教育委員会の職務は、①学校その他の教育機関の設置、管理および廃止に関すること　②教育委員会および学校その他の教育機関の職員の任免その他の人事に関すること　③学齢生徒および学齢児童の就学ならびに生徒、児童および幼児の入学、転学および退学、学校の組織編制、教育課程、学習指導、生徒指導および職業指導、教科書その他の教材の取扱い、校舎その他の施設および教具その他の設備の整備、校長・教員その他の教育関係職員の研修、校長・教員その他の教育関係職員ならびに生徒・児童および幼児の保健、安全、厚生および福利、学校その他の教育機関の環境衛生、学校給食に関すること　④青少年教育、女性教育および公民館の事業その他社会教育、スポーツ、文化財の保護、

66　第Ⅰ部　教育学の理論

ユネスコ活動に関すること　⑤教育に関する法人、教育に係る調査および基幹統計その他の統計、所掌事務に係る広報および教育行政に関する相談に関すること　⑥当該地方公共団体の区域内における教育事務に関することなどである（地教行法第21条）。

教育委員会には、教育委員会の職務に属する事務を処理するために**教育委員会事務局**が置かれる。この事務局の事務を指揮監督し、教育委員会の職務権限に属するすべての事務を処理する役割を果たしているのが教育長である。そのため、教育長の資質としては、教育行政に関する高度な専門的知識・技術とともに、幅広い豊かな教養を有することが望まれる。

都道府県・指定都市の教育長は、1999（平成11）年に改正されるまで文部科学大臣の承認を得て当該教育委員会が任命、市町村の教育長は、都道府県の教育委員会の承認を得て当該教育委員会が任命するという、任命承認制をとっていた。

この事務局の内部組織は、教育委員会規則により定められており、指導主事、事務職員および技術職員が配置される。**指導主事**は、専門的教育職員であり、学校における教育課程、学習指導その他学校教育に関する専門的事項の指導に関する事務を行う。指導主義は、教育に関し識見を有し、学校における教育課程、学習指導その他の学校教育に関する専門的事項について教養と経験がある者でなければならないとされている。

さて、教育委員会の職務のうちの学校教育、生涯学習・社会教育に関する事務について詳しくみていきたい。まず、学校教育については、教育委員会に学校の組織編成、教育課程、学習指導、生徒指導、教科書などを管理する権限が与えられている。これらの事項を管理するにあたって「教育委員会は、法令又は条例に違反しない限度において、その所管に属する学校その他の教育機関の施設、設備、組織編制、教育課程、教材の取扱学校その他の教育機関の管理運営の基本的事項について、必要な教育委員会規則を定めるものとする」（地教行法第33条）とある。この教育委員会規則は、一般的に**「学校管理規則」**と呼ばれるものである。たとえば、東京都教育委員会の「東京都立学校の管理運営に関する規則」をみると、教育課程編成の基準について「学校が、教育課程を編成するに当たっては、学習指導要領及び委員会が別に定める基準による」と定

第4章　教育行政の原理と組織　　67

めており、その教育課程編成の届出については「校長は、翌年度において実施する教育課程について、次の事項を毎年三月末日までに、委員会に届け出なければならない。1. 教育の目標　2. 指導の重点　3. 学年別教科・科目及び各教科以外の教育活動の時間配当　4. 年間行事計画」とされている。

　市町村の教育委員会の場合は、従来、都道府県教育委員会が設定する「準則」等に基づいて「学校管理規則」が作成されていたために、市町村教育委員会の独自性が発揮されにくいという、批判がなされていた。しかし、地方分権の推進に伴い、都道府県教育員会の基準設定の制度が廃止されたため、市町村教育委員会は、主体的に「学校管理規則」を作成することができるようになった。

　次に、生涯学習・社会教育に関する事項については、これを担当する部局が教育委員会事務局に置かれ、専門的な事項を処理するために社会教育主事が配置されている。生涯学習（社会教育）に関する事務のうち都道府県教育委員会が処理する事項は、①公民館および図書館の設置・管理に関し、必要な指導・調査を行うこと　②社会教育を行う者の研修に必要な施設の設置および運営、講習会の開催、資料の配布に関すること　③社会教育に関する施設の設置および運営に必要な物資の提供、斡旋に関すること　④市町村の教育委員会との連絡に関すること　⑤その他法令により職務権限に属する事項（社会教育法第6条）である。

　市町村の教育委員会の処理する事項については、①社会教育に必要な援助を行うこと　②社会教育委員の委嘱に関すること　③公民館の設置および管理に関すること　④所管する図書館、博物館、青年の家その他の社会教育に関する施設の設置・管理に関すること　⑤所管する学校の行う社会教育のための講座の開設および討論会、講演会、展示会その他の集会の開催ならびにこれらの奨励に関すること　⑥家庭教育に関する学習の機会を提供するための講座の開設、集会の開催、情報の提供ならびにその奨励に関すること　⑦職業教育および産業に関する科学技術指導のための集会の開催ならびにその奨励に関すること　⑧生活の科学化の指導のための集会の開催およびその奨励に関すること　⑨運動会、競技会その他体育指導のための集会の開催およびその奨励に関すること　⑩音楽、演劇、美術その他芸術の発表会などの開催およびその奨励に関すること　⑪青少年に対しボランティア活動など社会奉仕体験活動、自然体験活動

その他の体験活動の機会を提供する事業の実施およびその奨励に関すること　⑫社会教育に関する情報の収集、整理および提供に関すること　⑬視聴覚教育、体育およびレクリエーションに必要な設備、器材および資料の提供に関すること　⑭情報の交換および調査研究に関することである（社会教育法第5条）。

　なお、都道府県および市町村に社会教育委員を置くことができるとされている。社会教育委員は、教育委員会が委嘱し（社会教育法第15条）、教育委員会の会議に出席して、社会教育に関して意見を述べることができる。その職務は、①社会教育に関する諸計画を立案すること　②定時または臨時に会議を開き、教育委員会の諮問に応じ、これに対して意見を述べること　③職務を行うために必要な研究調査を行うこと、である（社会教育法第17条）。

（藤原　政行）

【コラム：教育委員会制度改革の必要性】

　1986（昭和61）年、臨時教育審議会の第2次答申において、「教育委員会の活性化」が打ち出された。また、翌年に出された最終答申（第4次答申）の「文教行政入学時期に関する提言」において、「文教行政での従来の指導助言が指揮監督的で、過度に形式的な法律解釈論や通達に依拠する傾向について文部省地方教育行政当局は反省する必要がある」といった文言が見られるように、教育委員会の活性化と各教育委員会の組織の充実は、大きな課題として議論されてきた。以来、各教育委員会の自主性を高める方向で改善が行われてきている。

　1998（平成10）年に出された中央教育審議会答申「今後の地方教育行政の在り方について」では、①教育行政における国、都道府県および市町村の役割分担のあり方について、②教育委員会制度のあり方について、③学校の自主性・自律性の確立について、④地域の教育機能の向上と地域コミュニティの育成および地域振興に教育委員会の果たすべき役割について、という4項目についての改善方策がまとめられている。また、地方分権改革推進委員会は、2008（平成20）年に施行された「地方教育行政の組織及び運営に関する法律」の実施状況をふまえて、首長との連携による教育行政の充実と総合的な行政の推進、情報開示を通じた教育委員会の活性化などの方策を検討する必要があるとしている。まさに、教育委員会制度の改革は、地方分権化へ向けた諸改革のなかできわめて重要な課題となっている。

（藤原　政行）

教育課程の編成

> 学校では、時間割に従って教科書を使用して学習し、テストや課題がある。学級活動では、クラス目標、委員や当番を決め、話し合いや決定をする。体育祭や学園祭では生徒会が協力して運営する。卒業式があり、教職員や来賓、在校生、親に祝福されて学び舎を巣立っていく。このような学校生活の内容は、児童生徒にとっては、好き嫌いに関係なく所与のもの、当たり前のものとして存在しており、誰が何のために、どのように決めるのか自覚されにくい。学校、教員だけが知っているといっても過言ではない。
> 本章では、このような学校教育の内容や計画、つまり「教育課程」について、その概念や類型、現代的課題、学習指導要領との関連を中心に学ぶ。

第1節　教育課程とその類型

(1) 教育課程（カリキュラム）の概念

教育課程ということばは、**カリキュラム**（curriculum）の訳語であり、その語源は、「走る」「馬の競走路」「人生の行路」などを意味するラテン語のクレーレ（currere）である。16世紀には、ヨーロッパの大学において、学生が進んでいくコース、全課程という意味で使用されるようになったといわれている。

学校は、人格形成に働きかけるもっとも高度で意図的な教育機関であり、その教育目的を達成するために、どのような内容を、どのように指導するのかという計画が不可欠となる。それは学習者にとっては、何を、いつ、どのように学ぶのかという道筋である。教育課程の定義は一定ではないが、子どもの発達と成長のために、さまざまな文化、技術、価値などを計画的に組織したものということができる。

現在、わが国には教育課程の基準として学習指導要領（文部科学省）が存在する。学習指導要領解説「総則」(2008) においては、「学校において編成する教

育課程とは、学校教育の目的や目標を達成するために、教育の内容を生徒の心身の発達に応じ、授業時数との関連において総合的に組織した学校の教育計画」と定義しており、その基本的要素を、教育目標の設定、指導内容の組織および授業時数の配当としている。わが国における教育課程という訳語の初出は、1880（明治23）年に発行されたスペンサー（Spencer, H.）の *On Education*（1861）の翻訳書『斯氏教育論』（文部省刊行）とされている。しかし、戦前は、教育内容をすべて学科や教科に限定して示していたため、実際には「学科課程」（小学校）、「教科課程」（中学校以上）ということばが使用されていた。教育課程という用語と意味が公的に示されるのは第二次世界大戦後、新教育制度に基づく学習指導要領（1951）においてである。

わが国の場合、戦前より教育内容をすべて中央で統制する上意下達の教育制度であったために、教育課程ということばは法令用語として使用されてきた傾向があるが、1920年代以降のデューイを先駆とするカリキュラム改造運動、1970年代の世界的なカリキュラム研究の進展を経て、今日ではより広義にとらえられるようになった。

たとえば、1964年より国際数学・理科教育動向調査（TIMSS）を実施しているIEA（国際教育到達度評価学会）は、参加国のカリキュラムを評価するための概念的枠組みを、①意図したカリキュラム（国や教育制度レベルで決定される内容）、②実施したカリキュラム（指導計画や実践など、教師が解釈して生徒に与える内容）、③達成したカリキュラム（生徒が獲得した教科の概念、手法、態度など）と、3次元でとらえている。

また1974（昭和49）年、文部省とOECD教育研究革新センターの共同開催「カリキュラム開発に関する国際セミナー」においては、カリキュラムを、何を教えるかという制度的枠組みとしてだけでなく、学習者の「学習経験の総体」としてとらえ直すことが提唱された。同時に、アトキン（Atkin, J. M.）は、教育の一般的目標から細分化、明確化された目標の達成度を評価していく従来型の**「工学的アプローチ」**に対して、一般的目標に基づきながら、授業実践や学習過程における児童生徒の現実的、具体的な学びや成長を評価しつつカリキュラムを開発していく**「羅生門的アプローチ」**の概念を提唱している。現在では、

中央機関が研究、開発して学校に普及させ、教員が忠実に実行する「耐教師性」のあるカリキュラムを **RDD モデル**（Research-Development and Diffusion）、学校に基礎をおいて教員、児童生徒、保護者、地域が参加してカリキュラムを創り出す **SBCD モデル**（School Based Curriculum Development）として概念化されるようになり、学校主体のカリキュラム開発、マネジメントが新たな課題として研究されるようになった。

　さらに、ジャクソン（Jackson, P. W.）は、制度として存在する意図的・計画的なカリキュラム（顕在的カリキュラム）に対して、**「隠れたカリキュラム」**（潜在的カリキュラム）の存在を提起した。隠れたカリキュラム（hidden curriculum）とは、児童生徒が学校の規則や慣行を通して集団生活に必要な態度、さらに教師や仲間からの賞賛や評価、命令や指示といった権力への対処方法を暗黙のうちに学んでいく機能である（『教室の生活』1968）。日本の部活動（課外活動）を例にとると、仲間と切磋琢磨するなかで向上心、協調性や忍耐や信頼、諸規範を学ぶだけでなく、先輩・後輩という上下関係を学ぶことなどがあげられる。学校生活のあらゆる場面において、教員のパーソナリティ、児童生徒相互の人間関係、言語環境や教室環境に潜む暗黙のメッセージが子どもの学びに正負の影響を与えているのである。また、隠れたカリキュラムとしてのジェンダー（社会的・文化的な性差）の研究が進展し、性差別やジェンダーの再生産装置としての学校教育を根底から問い直し、ジェンダー平等を目指す潮流を生み出している。

　以上のような概念は、何をどのように学んだのかという学びの経験と内実への再考を迫るものであり、わが国の教育政策や教育課程編成の改善に一定の影響を与えてきた。実践と学びを多様な視点から評価しながら、教育内容や計画の改善に生かしていくこと、つまり包括的な P（plan）− D（do）− C（Check）− A（action）サイクルとしての教育課程を実現することが求められている。

（2）教育課程の編成原理と類型

　教育課程は、編成主体の立場や教育観、すなわち構成原理によってさまざまに類型化されるが、一般的な類型として以下の 6 類型がある。

　①**教科カリキュラム**：人類が蓄積してきた文化遺産の継承・伝達を学校教育

72　　第Ⅱ部　教育学の諸問題

の目的とする教育観に立ち、社会生活に必要な知識や技術を学問的体系に従って教科として並立させて編成するものである。これは、学校教育が特権階級のために学問を授ける高等教育機関や大学から初等教育、公教育へと発展する経緯と関係している。中世ヨーロッパの大学の7自由科（文法学・修辞学・論理学、算術・幾何・天文学・音楽）、日本近世の藩校における儒教の経典（四書五経）、明治期の尋常小学校の教科目である読書・作文・習字・算術など、古くから存在しているカリキュラムである。学習者の興味関心とは無関係に知識を細分化して編成されているため、総合的理解が難しく、教師・教科書中心、暗記中心の受動的な学習となり、学習意欲を低下させやすいという問題がある。

②相関カリキュラム：教科の枠を維持しながら二つ以上の教科を相互に関連づけたもので、たとえば、歴史と地理、英語と音楽、美術と理科に内容を関連させて教えるなどである。

③融合カリキュラム：教科の枠をとり払い、関連共通する内容を一つの教科とするもので、地理、歴史、公民を融合させて一般社会科とするなどである。

④広領域カリキュラム：融合カリキュラムの考え方を拡大させ、関連性の高い内容をより広い領域に統合するもので、人文科学、社会科学、自然科学などの領域や、福祉、家庭、健康などの領域があげられる。

⑤コア・カリキュラム：中核（コア）となる中心課程と、それと関連する周辺課程から構成されるもので、教科型と経験型がある。経験型では、生活上の諸課題を解決する学習を中核に置き、それに必要な基礎知識や技能の学習を周辺課程として構成する。

⑥経験カリキュラム：学習者の生活経験に価値を置き、児童生徒の興味や関心、必要性に即して編成するものである。19〜20世紀初頭の欧米では、教科カリキュラムへの批判が高まるなかでカリキュラム改造運動が起こり、児童中心主義に立脚する経験カリキュラムが登場する。その先駆者であるデューイは、シカゴ大学付属実験学校において、「教育は経験の連続と再構成」の過程であるという自身のプラグマティズム哲学を実践した。学校と家庭・社会生活を結びつけ、調理、裁縫、木工などの作業を取り入れ、「なすことによって学ぶ」(learning by doing) という問題解決的な学習を重視した。さらに、キルパトリッ

第1章　教育課程の編成　　73

ク（Kilpatrick, W. H.）によるプロジェクトメソッド、パーカースト（Parkhurst,
H.）によるドルトン・プラン、バージニア州のバージニア・プラン（コア・カリキュラム）などがある。このようなカリキュラムは、日本の大正期における師範学校附属小学校、私立小学校を中心とする新教育、戦後の教育課程編成に大きな影響を与えた。しかし、学習者の意欲や自発性を重視する反面、その場しのぎの体験になりやすく、系統的知識の習得にばらつきが生じ、学力低下につながるという問題が指摘されている。

　この他に、学問中心カリキュラム、人間中心カリキュラムというとらえ方がある。前者は、教育内容を学問や科学技術の最新成果から導き出し、系統的に編成したものである。1957（昭和32）年、ソ連の世界初人工衛星スプートニクの打ち上げ成功を機に、欧米では科学技術教育振興を目指すカリキュラムの現代化運動が起こる。アメリカの心理学者ブルーナー（Bruner, J. S.）は、数学、物理など諸学問の構造、基本的概念を教科に取り入れることにより、児童生徒が学問構造を発見し、探求する能力を習得できるという「発見学習」の理論を提唱し、その著書『教育の過程』（1963）は世界的に大きな影響を与えた。後者は、人間性重視の視点から学問中心カリキュラムを問い直すものである。系統主義に基づく内容は学習負担が大きく、人格形成上の問題が指摘されるようになったのである。日本においても、1970年代以降、「落ちこぼれ」が社会問題化し、知・情・意の調和的な発達を大切にする教育が求められるようになった。

　以上のような類型は、それぞれ独立した絶対的なモデルではなく、教科か経験かという単純で二者択一的なものでもない。教育目的や社会的課題、子どもの成長や発達の実態・ニーズを考慮して、たとえば、「統合」「合科」「総合」「教科横断的」といった視点の下に、それぞれの特質を生かしたカリキュラム編成が試みられている。

■■　第2節　教育課程の基準としての学習指導要領

（1）学習指導要領の特質と意義

　学習指導要領は、教育課程の基準として作成されている。学習指導要領「総

則」の解説には、学習指導要領は各学校の教育について「一定の水準を確保するために法令に基づいて国が定めた教育課程の基準であるので、各学校の教育課程の編成及び実施に当たっては、これに従わなければならない」と明記されている。教育課程の編成主体は学校であるが、編成する場合は諸法令、学習指導要領に基づき、校長の責任のもとに全教職員が協力して編成することになっている。

　関係する諸法規として、まず、学校教育法は、日本国憲法（第26条）、教育基本法（第1章）の理念に基づいて、小学校、中学校、高等学校などの学校種（学校教育法第1条校）ごとの教育目的や目標を定めている。各学校の教育課程に関する事項については、「文部科学大臣が別にこれを定める」としている。これを受けて、学校教育法施行規則では、教科等の種類や授業時数の標準を定めている。各学校の教育課程については、「教育課程の基準として文部科学大臣が別に公示する学習指導要領によるものとする」（第52条、74条、84条）としている。さらにその内容は、民間出版社が教科書を作成する場合の準拠となり、教科書検定の基準となっている。また、教育委員会は教育委員会規則を定め、教育課程に関する事務の管理執行と指導助言を行い、学校長は教育課程を作成あるいは変更する場合、教育委員会への届出が義務づけられている（地方教育行政の組織および運営に関する法律、第23条他）。このような諸法規、学習指導要領に基づき、学校は、社会的課題や地域や学校の実態、子どもの発達や特性を充分に考慮しながら、教育目標と内容を選択組織し、年間指導計画、月あるいは週ごとの指導計画、学習指導案などを作成、実践することになる。

　学習指導要領は、小学校、中学校、高等学校、特別支援学校の小学部・中学部、高等部の学校種ごとに作成されており、幼稚園は幼稚園教育要領がある。教育課程全体の方針を「総則」に示し、各教科その他の領域ごとに目標、内容、指導計画の作成と取扱いが示されている。また、内容を理解するために「解説」が作成されている。教科は、主として科学、技術、芸術などの文化財を知識や技能として習得する、いわゆる知育、陶冶に関わる領域であり、教科外の領域は諸活動や体験を通して社会性や道徳性を育てる活動であり、いわゆる徳育、訓育に関わる領域である。

表Ⅱ-1-1　学習指導要領の内容構成

第 1 章　総則	第 2 章以下（各教科等）
第 1：教育課程編成の一般方針 第 2：内容等の取扱いに関する共通的事項 第 3：授業時数等の取扱い 第 4：指導計画の作成等に当たって配慮すべき事項	第 1：目標 第 2：各学年、各分野の目標及び内容あるいは内容 第 3：指導計画の作成と内容の取扱い

　特別支援学校にはこれらの領域に加えて「自立活動」がある。「自立活動」とは児童生徒一人ひとりが障害によるさまざまな困難を克服して自立していけるための主体的な取り組みを促す活動である。なお、小・中学校の特別支援学級では、小・中学校の教育課程を適用されるが、障害の程度や特性に応じて特別支援学校の学習指導要領を参考にした特別の教育課程編成（学校教育法施行規則第138条）が可能であり、個別の教育支援計画、指導計画を作成する（小・中学校学習指導要領「総則」）。通級による指導（通級指導教室）についても、通常の教育課程に加えて、障害やニーズに応じた弾力的な指導内容や方法を工夫することができ、個別の教育支援計画、指導計画を作成することになっている。

　では、学習指導要領がこのような教育課程の基準を示すことの意義はどこにあるのだろうか。一般的には、①公の性質をもつ学校教育においては、全国的に一定の教育水準を確保し、同水準の教育を受ける機会を保障し、国としての統一性を保つ（学習指導要領解説総則編）　②全国各地域共通の教科や領域における実践を蓄積でき、教材研究や開発、指導方法についての研究課題や成果を共有できる　③学習指導要領に準拠した教科書に基づいて単元を設定し、計画的に指導できる、などがあげられる。問題点としては、①画一的になりやすく柔軟なカリキュラム編成が難しい　②子ども、親、教師の教員の願いと乖離しやすく、改訂のたびに学校や教師が振り回され疲弊しやすい　③指導体制や教育的諸条件、資源の差異により地域・学校間格差が生じやすい、などが指摘されている。

(2) 学習指導要領の変遷

　学習指導要領は、主に中央教育審議会等の審議・答申をもとに基本方針や内

容が決定されている。以下、小学校、中学校学習指導要領の変遷を中心にふり返り、その時々の社会的要請と教育課題について概観する。

① 1947（昭和22）年の学習指導要領

戦後教育は、6・3・3・4制、男女共学の新制度のもとに民主主義の基礎構築を目指してスタートした。戦後の混乱期において、子どもたちに必要とされたのは身近な生活上の問題を解決して生きていく力であり、児童中心、経験主義に立脚する学習指導要領一般編（試案）、各教科編（試案）が発行された。一般編（試案）の序論に、「これまでの教師用書のように、一つの動かすことのできない道をきめて、それを示そうとするような目的でつくられたものではない。新しく児童の要求と社会の要求とに応じて生まれた教科課程をどんなふうにして生かして行くかを教師自身が自分で研究して行く手びきとして書かれたものである」と述べているように、教員が自主的に教育課程を編成する際の手引きという性格のものであった。

小学校、中学校の教科を必修・選択とし、選択科目の一つとして「自由研究」（教科の自由な学習、同好のクラブ活動、自治的活動など）を新設し、児童生徒の興味関心による自主的な学習活動を取り入れた。そして、従来の修身・公民・地理・歴史を廃して「社会科」を新設し、道徳教育はこのなかで行う方針を示した。

② 1951（昭和26）年の改訂

一般編と教科編に分けて「試案」の形で刊行された。小学校、中学校の自由研究が発展的に解消され、それぞれ「教科外活動」と「特別教育活動」となった。「教科課程」が「教育課程」に改称され、教科以外の活動を含めたより広い概念で教育活動をとらえるようになった。

③ 1958（昭和33）年の改訂

文部省発行から、官報の「告示」という形式がとられ、法的性格が明確になった。以前の学習指導要領で示していた教育課程に関する事項を学校教育法施行規則で定め、「教育課程の基準は文部大臣が公示する」とし、教育課程の基準として法的拘束力を有するようになった。独立復興後の経済成長を支える科学技術教育の振興と人材育成のために、基礎学力と産業（職業）教育等を強化し、

系統学習を重視したことが特徴である。教育課程は、教科、道徳、特別教育活動及学校行事等の4領域とし、道徳教育を社会科から独立させて週1回の**「道徳の時間」**を特設した。また、中学校の「職業・家庭科」を「技術・家庭科」に再編し、男女別履修にして教育内容を区別化した。

④ 1968（昭和43）年、1969（昭和44）年の改訂

日本経済の飛躍的発展を背景として、調和と統一のある教育内容を意図した改訂である。経験主義への批判が高まり、学問や科学技術の成果をふまえた学力の向上を目指して**「教育内容の現代化」**が図られた。たとえば、中学校数学は、数・式、関数、図形、確立・統計、集合・論理を学習し、中学校社会科は地理的分野・歴史的分野・公民的分野に分かれ、総授業時数は3,360時間から3,535時間に激増した。また、特別教育活動を**「特別活動」**（生徒活動・学校行事・学級指導）に再編し、学級指導では進学率の高まりや非行問題に対応するために学業、進路指導、生徒指導を行った。

⑤ 1977（昭和52）年の改訂

ゆとりのある充実した学校生活の実現を目指した改訂である。先の学習指導要領により学習内容が高度化したため、子どもの塾通いが増加する一方で、落ちこぼれ・落ちこぼしが問題化し、詰め込み教育、受験戦争ということばも生まれた。また、少年非行、「登校拒否」（不登校）など生徒指導の課題も増加した。そのため、学習内容を精選し、授業時数を削減して基礎的知識や技能を重視し、小・中学校、高等学校で学校の創意工夫を生かした「ゆとりの時間」（学校裁量時間）を設け、その活用を重視した。

⑥ 1989（平成元）年の改訂

高度経済成長の終焉を背景に、21世紀の社会を見据えた戦後教育の見直しを図る改訂である。1987（昭和62）年、教育課程審議会答申は、21世紀の社会変化に対応できる教育課程の改善方針として、①豊かな心を持ち、たくましく生きる人間の育成　②自ら学ぶ意欲と社会の変化に主体的に対応できる能力の育成　③国民として必要とされる基礎的・基本的な内容を重視し、個性を生かす教育の充実　④国際理解を深め、我が国の文化と伝統を尊重する態度の育成、を提言した。自ら学び自ら考える力、いわゆる**「新しい学力観」**が示された。

78　第Ⅱ部　教育学の諸問題

小学校低学年の理科、社会科を廃止し、具体的な体験や活動を重視する**「生活科」**を新設し、中学校では、選択履修幅の拡大や習熟度別指導を打ち出すとともに、家庭科を男女共修とした。なお、この改訂では、「国旗・国歌」の取り扱いについて、「入学式や卒業式などにおいては、その意義を踏まえ、国旗を掲揚するとともに、国歌を斉唱するように指導するものとする」とした。

⑦ 1998（平成10）年の改訂

ゆとりを確保しながら、子どもたちに自ら学び自ら考える**「生きる力」**を育むために、教育内容の3割削減や授業時数削減、選択幅の拡大、教科横断的・総合的な学習をする**「総合的な学習の時間」**（小・中・高）の新設など大幅な改革が行われた。この改訂は、2002（平成14）年度から学校週五日制と同時に全面実施されたが、土曜日の過ごし方、「総合的学習の時間」の指導内容や学習効果について疑問視する声も多く、さまざまな学力低下論争を巻き起こした。そのため、文部科学省は「確かな学力向上のための2002アピール『学びのすすめ』」を出した。

⑧ 2003（平成15）年の一部改訂

学習指導要領の趣旨を再確認し、その充実を図る改訂である。学習指導要領の内容については、「確かな学力」を身に付けるためにすべての児童生徒に対して確実に指導しなければならない最低基準であり、児童生徒の実態に応じて創意工夫しながら指導するための「大綱的」な基準であることを明確にした。また、個に応じた指導を充実させるために、習熟度別指導、発展的指導、補充的指導、弾力的な運用も可能であるとした。

⑨ 2008（平成20）年の改訂

変化の激しいグローバル、知識基盤社会を生きる力（確かな学力・豊かな心・健やかな体）の育成をより重視し、知・徳・体の調和のとれた教育を目指す改訂である。改正教育基本法（2006）、学校教育法（2007）をふまえ、中央教育審議会答申「幼稚園、小学校、中学校、高等学校及び特別支援学校の学習指導要領等の改善について」（2008年1月）を受け、以下の基本方針が示された。

　①改正教育基本法等を踏まえた学習指導要領改訂

　②「生きる力」という理念の共有

③基礎的・基本的な知識・技能の習得

④思考力・判断力・表現力の育成

⑤確かな学力を確立するために必要な授業時数の確保

⑥学習意欲の向上や学習習慣の確立

⑦豊かな心や健やかな体の育成のための指導の充実

　また、OECD の **PISA 調査**（2003）により、日本の子どもの学力は全体的に上位にあるが、読解力や記述、科学への興味・関心に課題があることが明らかにされた。OECD は、21 世紀のグローバル社会を生きるために誰もが求められる資質・能力として、**コンピテンシー**の概念「①相互的に道具を活用する力　②異質な集団で交流する力　③自律的に行動する力　④これらの中核となる思慮深さ」を提唱しており、PISA 調査は、このなかの「相互的に道具を活用する力」に関わる到達度調査である。このような背景から、同改訂は、習得した知識や技術を活用して、他者と協力して問題を解決できる思考力・判断力・表現力、新しい価値を探究、創造していく力、それを下支えする豊かな心の育成を目指したものである。

　具体的な改革としては、主要教科の授業時数増、**「外国語活動」**（小学校 5、6年）の新設、「総合的な学習の時間」の領域化と授業時数削減、学校教育全体を通じた言語活動、体験活動の一層の充実である。各教科、教科外領域の総授業時数は、小学校が 278 時間増の 5,645 時間で、国語がもっとも多い。中学校は 105 時間増で 3,045 時間となっている（表Ⅱ-1-2、3）。

　「外国語活動」の目標は、外国語（原則として英語）を通じて、言語や文化について体験的に理解を深め、コミュニケーション能力の素地を養うことにあり、中学校の英語学習への円滑な移行を図る基礎的活動として位置づけられている。また、英語を通じて日本と外国の文化についての体験的な理解を深め、国際・異文化理解につなげる活動でもある。指導計画や活動内容は、各学校、学級担任や外国語活動担当講師（ALT など）が児童や地域の実態に応じて適切に定めることとした。なお、現在、小・中・高校の各段階で英語教育の高度化が検討されており、外国語活動を小学校中学年に前倒をし、高学年から「英語」を教科化することが提案されている（2014 年 9 月、英語教育の在り方に関する有識者会議

表Ⅱ-1-2　各教科等の総授業時数の比較

小学校（1～6学年）	1998	2008	中学校（1～3学年）	1998	2008
国語	1377	1461	国語	350	385
社会（3～6学年）	345	365	社会	295	350
算数	869	1011	数学	315	385
理科（3～6学年）	350	405	理科	290	385
生活（1・2学年）	207	207	音楽	115	115
音楽	358	358	美術	115	115
図画工作	358	358	保健体育	270	315
家庭（5・6学年）	115	115	技術・家庭	175	175
体育	540	597	外国語	315	420
道徳	209	209	道徳	105	105
特別活動	209	209	特別活動	105	105
総合的な学習の時間（3～6学年）	430	280	総合的な学習の時間	210～335	190
外国語活動（5・6学年）		70	選択科目	105～165	
総授業時数	5367	5645	総授業時数	2940	3045

表Ⅱ-1-3　総授業時数の推移

	1947	1951	1958	1968/69	1977	1989	1998	2008
小学校	5565～5915	5780	5821	6135	5785	5785	5367	5645
中学校	3150～3750	3045	3360	3535	3150	3150	2940	3045

報告「今後の英語教育の改善・充実方策について」）。

　「総合的な学習の時間」については、従来は「総則」のなかで内容と取り扱いを示していたが、あらたに第4章を設け、目標、内容、指導計画の作成と取り扱いについて具体的に示した。学習活動の内容は、1. 国際理解、情報、環境、福祉・健康などの横断的・総合的課題について、2. 児童生徒の興味、関心に基づく課題、3、地域や学校の特色に応じた課題とし、中学校はさらに職業や自己の将来に関する学習活動を加えて示している。

　「特別活動」（学級活動・生徒会活動・学校行事）は、体験的、実践的な集団活動

を通して自主性や社会性を育てる活動である。近年、いじめ、中１ギャップなど子どもたちの人間関係を築く力の弱さが指摘されていることから、特別活動の全体目標部分の「よりよい生活」という文言を「よりよい生活や人間関係」に変更し、集団活動を通してよりよい人間関係を育てる特別活動の特質をより明確にした。また、各活動の目標を明確にし、「総合的な学習の時間」との違いと共通性を生かした指導を求めている。道徳については、道徳の時間を「要」として、学校の教育活動全体を通して道徳性を養うという特質をより明確にして、指導体制、指導方法の充実改善など具体的な改訂を行った。道徳の時間については、体験活動を生かす指導の工夫、自分の考えを基に書いたり討論したりするなどの表現する機会の充実をあらたに加えた。また、先人の伝記、自然、伝統と文化、スポーツなど、感動を与える魅力的な教材の開発、活用など、創意工夫ある指導を求めている。

■■ 第3節　教育課程の現代的課題

(1) 道徳の教科化──「特別の教科　道徳」(道徳科)

　2008年に改訂された学習指導要領は、小学校は2011（平成23）年、中学校は2012（平成24）年度より実施されているが、道徳教育については新局面を迎えている。2015（平成27）年3月に学習指導要領が一部改正され、特設「道徳の時間」が**「特別の教科　道徳」**（道徳科）となり、小学校は2018（平成30）年、中学校は2019（平成31）年より全面実施される。道徳教育については、従来より、取り組み方の地域・学校差、道徳授業の形骸化が指摘され、近年の少年犯罪の多様化、いじめの深刻化、社会全体の規範意識の低下などを背景に、その充実改善、教科化について議論されてきた経緯がある。教育再生実行会議は、大津市で起きたいじめによる自死（2011年10月）を重く受け止め、2013（平成25）年2月「いじめ問題への対応について（第1次提言）」において、「子どもたちの人間性、社会性を育てる道徳教育の抜本的な充実をはかるために、道徳を新たな枠組みにより教科化」することを提言した。これを受け、「道徳教育の充実に関する懇談会」報告、中央教育審議会答申をふまえ、改訂が行われた。

一部改正された学習指導要領は、学校教育全体を通して道徳性（道徳的心情、判断力、実践意欲と態度など）を養うという従来の方針・目標を踏襲しつつ、心情主義に傾倒しがちだった道徳授業から、道徳的価値を多面的・多角的に考え、問題解決する力を育てる道徳授業への転換を目指す内容となっている。内容項目については、道徳的価値を［自主、自立、自由と責任］などのキーワードを冒頭で示し、達成目標として示している。評価については、「数値などによる評価は行わない」としているが、今後、評価のあり方や方法についての研究が必要であり、そのための指導方法の工夫改善が課題となる。

(2) 今日的課題

学校の教育課程に関しては、改正教育基本法における教育の目標（第2条1～5項）に基づき、教育振興基本計画、教育再生実行会議、中央教育審議会の審議を経て改善が図られている。今後の教育課程の課題について、3点に絞って述べたい。

第1に、学校教育の今日的課題に関わるカリキュラム開発の課題である。現在においては、キャリア教育、**市民性教育**（シティズンシップ教育）、人権教育、**法教育、ESD**（ユネスコ・持続可能な開発のための教育）、食育など、テーマ性のある課題が増大している。これらは、学習指導要領には具体的に示されておらず、学校の教育活動全体で行うことになっている。教科や教科外活動の枠内では指導が難しいため、教科相互、教科と教科外活動、「総合的な学習の時間」を関連させてそれぞれの特質を生かしあえる総合単元的、合科的なカリキュラムの研究と開発が必要である。しかし、学校内部の努力だけでは限界があるため、家庭や地域、専門機関、NPOなど外部機関との連携協力によるカリキュラム開発と授業づくり、それを支えるしくみづくりが必須の課題である。

その場合の大前提として、教科を通してどのような力を身につけるのか、教科固有の価値と本質の探求、教材研究が一層求められるであろう。また、学級活動（特別活動）や道徳授業は、その意義や目的が自覚されないと、息抜きやおしゃべりの時間になりやすい傾向がある。諸科学と社会生活体験を架橋し、児童生徒が学ぶことの意味を感得し、自己の成長を実感できるような実践が求

められる。また、心身に障害のある児童生徒に対しては、自立と社会参加に向けて、一人ひとりの特別な教育ニーズに配慮した特別支援教育を充実させるために、弾力的なカリキュラムの開発、個別的な支援、指導計画の実施が課題である。

　第2に、指導方法と評価に関わる課題である。2008年改訂の学習指導要領は、言語能力を育成するために、国語を中心に、各教科において観察、実験やレポートの作成、論述、調べ学習、発表や報告、討論や話し合い、ポートフォリオの作成、また道徳においても自分の考えをもとに書いたり討論したりする活動を重視している。このような「関心・意欲・態度」、「思考・判断・表現」などペーパーテストでは評価できない学びに対しては、**パフォーマンス課題**（実際的な文脈において知識やスキルを総合的に活用することを求める諸課題）に基づいて、**ルーブリック**（課題達成の程度を尺度化した評価指標）指標を作成して評価する方法が試みられている。児童生徒の生活背景、身に付けている文化や価値観は個性的であり、所属する集団や関係性によって学びは変容する。児童生徒一人ひとりの学びを多面的に看取り、指導の改善に生かす評価の在り方、指導方法の改善がより求められているといえよう。また文部科学省は2007（平成19）年より、「全国学力・学習状況調査」（国公私立の小学校6年生、中学校3年生を対象に毎年4月に実施）を行っている。

　第3に、教育の地方分権化に伴う課題である。現在までに、研究開発学校制度（1976～　）により、教育課程、教科等を再編する先導的取り組みが蓄積されている。また、1990年代以降は、教育の地方分権化が進み、教育特区、教育課程特例校制度により、**特色ある学校づくり**のために学習指導要領の基準によらない弾力的編成が可能となっている。品川区小中一貫教育特区、群馬県太田市の外国語教育特区、東京都世田谷区の日本語教育特区などを先駆けとして、2015（平成27）年4月現在で、教育課程特例校は290件、2,960校となっている。具体的には、小中連携による英語教育の導入、特別活動や道徳、総合学習などの教科外活動の一部または全部、教科外活動と教科の一部、あるいは複数の教科の融合、組み替えにより新科に再編するなどである。例として、品川区の「市民科」、世田谷区の「日本語科」、青森県水戸町の「立志科」、富山県高岡市の

「ものづくりデザイン科」などがある。

　このような取り組みは、地域・学校主体のSBCDモデルとして注目できる。しかし一方、これらは地域の資源や財政、物的・人的諸条件に左右されるため、教育内容の差別化、格差につながりやすい側面がある。今後、このような取り組みの実証的研究とともに、児童生徒のニーズに対応したボトムアップなカリキュラム開発を支援する体制づくりが求められよう。また、2015（平成27）年、9年間を通して弾力的な小中一貫教育を行う**「義務教育学校」**（国公私）が学校教育法第1条校として制度化され、2016年度よりスタートする。これにより、義務教育の複線化が進むことも予測されており、公教育の役割や公平性を視野に入れた教育課程研究の重要性が増していくと考えられる。

　現在、中央教育審議会では、次期学習指導要領の改訂に向けて、学習指導要領の構造化、コンピテンシー概念と「生きる力」のすり合わせ、育成すべき資質能力の明確化、教育内容や指導方法の改善などを課題として、審議が行われている。

（長谷川　千恵美）

【引用・参考文献】

柴田義松編著『教育課程論』第2版、学文社、2008年
田中智志・橋本美保監修『新・教職課程シリーズ　教育課程論』一藝社、2013年
田中耕治他『新しい時代の教育課程』第3版、有斐閣アルマ、2011年
木村元他『教育学をつかむ』有斐閣、2009年
水原克敏『学習指導要領は国民形成の設計書　その能力観と人間像の歴史的変遷』東北大学出版会、2010年
国立教育政策研究所　学習指導要領データベース

学習指導(教育方法)の基礎

> 学習指導の類型は、系統学習と問題解決学習、プログラム学習と問題解決学習、発見学習などさまざまな分類の方法がある。だれを中心に授業を行うのかという視点から分類した場合、教師主導型は、授業において教員が生徒を主導または指導する方式と生徒を中心として行うタイプの授業である生徒主役型がある。
>
> さらに、授業において学習指導の方法とともに重要なのは、教材・教具と板書である。使い方によっては効果的であるが、逆に弊害を起こす場合もある。それぞれの特徴と効果を理解した上で生徒の理解や興味関心を促すよう有効に使用する必要がある。
>
> また、近年の情報処理システムの教育への導入は、教育に多様化をもたらし、教育の可能性を広げた。生徒のみではなく教員にとっても情報処理システムを利用するメリットがここにある。教員の利用は、教材作成や教材提示、評価の記録、時間割作成、クラスだよりの作成など文書作成、表計算、データベース、プレゼンテーションといった広範囲にわたる。教員は、情報機器の操作だけではなく、情報倫理も修得しなければならない。さらに電子黒板、タブレット、ICT(情報通信技術)の教育への導入により学習指導には現代に特有な課題が生じている。本章では、電子黒板と従来の板書とのバランスと修得の問題、タブレットによりデジタル教科書が導入された場合の問題などの課題について検討する。

第1節　学習指導の類型

系統学習法は、やさしいものから難しいものへ、単純なものから複雑なものへ、具体的なものから抽象的なものへというように系統的・体系的に並べて学ぶのである。この方法は、習得された知識の量で学習の成果を判断しやすい。数量化が可能であるだけに、不必要に競争意識をあおり立て、優越感に浸った

り、劣等感に苦しむことになりかねない。**問題解決法**は、学習者が生活や学習のなかで直面した疑問や課題に対して、はじめに、なぜ、どのようにといった問いがあって、それに対する問題解決的な学習、課題探究的な学習が行われる。課題に対する思考力、判断力、表現力、創造性といった総合的な適応能力の形式が目指される。生徒の経験による問題の発見と解決を基礎にした教育では、将来、生きていく上で必要な基礎的な知識・技術が網羅されるという保証が必ずしもなく、学習内容の欠陥や偏りといった問題を生じがちである。また、学習を指導する側とされる側という視点からの分類としては、教師主導型と生徒主役型という分類方法がある。本章ではこの分類について取り上げていく。

（1）教師主導型

　教師主導型は、授業において教員が生徒を主導または指導する方式で、講義方式、講演方式、教育メディア利用方式がある。講義方式は、教員が教室などで教科書や黒板等を利用して生徒に向かって話をするタイプの授業法である。多くの授業がこの方法で行われており、もっとも一般的なものである。教員から生徒への一方通行ではなく教員からの問いかけと返答、あるいは生徒から教員への質問から構成される。そして、あるテーマにそって大勢の生徒に話をする講演方式は、外部から講師を招いて行われることもある。たとえば、携帯電話・スマートフォンの倫理などのテーマで専門家が話したり、フルートやオーボエなどの楽器を専門とする音楽家の演奏と解説を聞いたりなど、専門家でなければ教えることが難しい分野やテーマについて学校で取り上げる時などに講演が行われる。教育メディア利用方式は、CD・DVD やパソコンなどを利用して教員が行う授業である。

　このように教師主導型は、生徒の受動的な学習であるため、教員の力量・技術と工夫が問われる方式である。したがって、生徒の理解度や興味・関心は、教員の力量・技術に大きく左右される。教員の一方的な押し付けや生徒の考える力を抑制してしまう危険性があるため、生徒に学ぶ楽しさや興味関心をもたせ、生徒自身が考えるための創意工夫が必要となる。

(2) 生徒主役型

　生徒を中心として行うタイプの授業である**生徒主役型**は、体験重視方式、作業構成方式、演習方式、読者方式、論述文作成方式がある。生徒を中心とすることによって教師主導型とは違う授業を展開し、生徒自身が主体的にそして自発的に授業に参加することができる。自分で考える力を養うことができ、知識が身につく方式である。体験重視方式は、実技・実験・実習・調査活動など生徒自身が体験することによって授業を行う方式である。体育がその典型である。たとえば、バレーボールがどのようなスポーツであるかは、テレビなどで知識としては知ることはできるが、競技としてのバレーボールは実際に飛んできたボールをレシーブしたり、アタックすることによって理解することができる。また、田植えを体験することによって、農家の仕事やお米ができるまでの季節の移り変わり、どのような苦労があるか身をもって知ることができる。泥の感触、田んぼの生き物たちの鳴き声、気温や風、天気など教室では直接教えることができないことを体験することによって稲作の苦労や楽しさ、自然の大切さを理解することができる。

　また、作業構成方式は、作品を製作して発表する形式の授業である。たとえば、書道や絵の制作をして教室に展示することによって、他の生徒の作品に感化されたり、テーマに対する考え方の違いがあることを認識し、参考にすることによって成長することができるのである。演習方式は、議論や討論による意見交換による授業である。説得的発言、場をまとめる力など、経験しなければなかなか身につかない力をつけることが期待される。そして、他の生徒の意見を聞くことにより自分だけでは気づかなかった視点に気づくことができる。読書方式は、書籍や論文、新聞記事などを読み、自分の感想や意見をもつ授業である。幅広い知識と教養を身につけ、他人の意見や思想、考えを読み取り、どのように文章を書けばよいのかを読書を通じて習得することができる。論述文作成方式は自分の所見を論理的に文章にまとめ表現する授業である。自分自身と向きあい自分の所見を再確認する、あるいは発見するとともにそれを論理的な思考へと昇華させる授業である。

　生徒主役型は、グループワーク形式をとることも多く、協調性やリーダーシ

ップなど学校生活や社会でも必要とされる力を身につける効果がある。そして、生徒の能動的な学習により、生徒自身の積極的な学習参加を促すことができる。その一方で、教員は細やかな観察を通して、うまくグループワークに参加できない生徒や積極的に発言することができない生徒に対して対処し、指導する必要がある。

　以上のように、だれを中心に授業を行うのかという視点から教師指導型と生徒主役型という分類方法を紹介したが、この2類型を混合したタイプもある。たとえば教育メディア利用方式と演習方式の混合である。DVD で映画を観せて意見を言わせる、あるいは教員が説明し、生徒はグループで討論して意見をまとめて発表するなどである。いろいろな方式の各々の長所をうまくいかせるように採用することによって生徒に興味をもたせ、学習するきっかけをもたせるような授業を展開することが求められている。教員の一方向的なコミュニケーションのみの授業ではなく、発問を利用するなど双方向的コミュニケーションを取り入れた授業を展開することが必要である。

　さらに、近年では**反転授業**により教師中心から生徒中心の授業を展開する方式もとられている。2014 年度から佐賀県武雄市の公立小学校で導入されたことで注目されているが、自宅でタブレットやパソコンを利用して動画を再生して講義を受け、学校の授業では講義内容の不明点や確認、演習課題に取り組むという、本来の学校と自宅の学習を反転させたスタイルの授業である。教員は従来型の授業とは違う情報機器の知識や授業スキルを求められるため、教員養成の段階から対応する知識やスキルを習得しておく必要がある。

　また、学習指導方法はどのような評価方法を行うかということにも関係しているので、学習指導方法を選択する場合、評価のしかたを含めた学習指導法を考えておかなければならない。

第2節　学習指導（教育方法）と教材・教具・板書（授業の計画と準備）

(1) 教　　材

教材とは、教育目的を達成するために生徒たちに教える材料や内容を指す。

なお、教材を効果的に教えるための道具を教具と呼ぶ。しかし、教材と教具はほぼ同じものとして扱われ、教材教具と表現されることもあるし、教科によっては両者を区別することが難しいものもある。

　文部科学省は教材の機能を「発表・表示用教材」「道具・実習用具教材」「実験観察・体験用教材」「情報記録用教材」の四つに分類している。発表・表示用教材は、オーバーヘッドプロジェクター、テレビ、DVD プレーヤーなど児童生徒が表現活動や発表に用いる、または児童生徒が見て理解するための図示・表示の機能を有する教材である。道具・実習用具教材は漢字筆順カード、大分度器・大三角定規、楽器など児童生徒が実際に使って学習・実習の理解を深める機能を有する教材である。実験観察・体験用教材は、交通安全用具一式、飼育箱など児童生徒の実験観察や体験を効果的に進める機能を有する教材である。情報記録用教材は、デジタルボイスレコーダーやデジタルカメラ、デジタルビデオカメラなど情報を記録する機能を有する教材である。これらの文部科学省の分類では、教材と教具の区別はなされておらず、どちらかというと教材は「もの」を中心としたものを指している。

　ところで、**教科書**とは、「小学校、中学校、高等学校、中等教育学校及びこれらに準ずる学校において、教育課程の構成に応じて組織排列された教科の主たる教材として、教授の用に供せられる児童又は生徒用図書であり、文部科学大臣の検定を経たもの又は文部科学省が著作の名義を有するもの」（教科書の発行に関する臨時措置法第2条）とされている。通常は民間の教科書発行者が教科書の著作・編集をし、各発行者は、学習指導要領、教科用図書検定基準等をもとに、創意工夫を加えた図書を作成し検定を申請する。教科書は、文部科学大臣の検定を経てはじめて、学校で教科書として使用される資格を与えられる。発行者から検定申請された申請図書は、教科書として適切であるかどうかを文部科学大臣の諮問機関である教科用図書検定調査審議会に諮問されるとともに、文部科学省の教科書調査官による調査が行われる。審議会での専門的・学術的な審議を経て答申が行われると、文部科学大臣は、教科用図書検定基準に基づいて教科書として適切か否かの審査を行う。そして採択は、公立学校については所管の教育委員会に、国・私立学校については、校長に権限がある。

教科書検定については、文部科学省がその意義について、「教科書の著作・編集を民間に委ねることにより、著作者の創意工夫に期待するとともに、検定を行うことにより、適切な教科書を確保することをねらいとして設けられているものです」としている。さらに教科書検定の必要性を「小・中・高等学校等の学校教育においては、国民の教育を受ける権利を実質的に保障するため、全国的な教育水準の維持向上、教育の機会均等の保障、適正な教育内容の維持、教育の中立性の確保などが要請されています。文部科学省においては、このような要請にこたえるため、小・中・高等学校等の教育課程の基準として学習指導要領を定めるとともに、教科の主たる教材として重要な役割を果たしている教科書について検定を実施しています」としている。なお、教科書検定の根拠は、学校教育法第34条、第49条、第62条、第70条、第82条、文部科学省設置法第4条第10号、教科書検定の申請は、教科用図書検定規則第4条を根拠としている。つまり、教科書は検定を通過することによって学習指導要領の内容にそった適正な内容が取り上げられ、教育の中立性が保たれていると認められたということになるのである。一方で教科書検定には、検定ではなく「検閲」であるなどの問題点も指摘されている。とくに歴史に関する教科書での議論が多い。また、採択に関しても、新しい歴史をつくる会の歴史教科書に関する八重山教科書採択問題などいろいろな課題が残っている。

さらに文部科学省は、すべての児童生徒は、教科書を用いて学習する必要があるとし、学校教育法第34条において小学校では、検定教科書を使用しなければならないと定められており、この規定は、中学校、高等学校、中等教育学校、特別支援学校にも準用されている。教科書は、授業において中心的な教材であり、予習、復習を通した生徒の学習理解など教育全般において重要な役割を担っている。教科書を中心に学校教育は行われており、教員は、教科書を有効に使い、生徒の興味・関心を引き出し、理解を深める工夫をしていかなければならない。そのためには専門知識とともに幅広い教養、創造力が必要である。

(2) 板　　書

板書とは、黒板やホワイトボードに文字、図表などを書くこと、または書か

れたものであり、主に教師主導型の講義方式の授業で活用される。板書は、情報機器が教育現場に導入されてきているとはいえ、教員として習得しなければならない基本的な授業スキルのひとつである。黒板やホワイトボードはほとんどの教室に設置されており、簡単に書いたり消したり修正することができ、また、色を使用することもできる。さらに、板書ではチョークだけではなく、紙やマグネットで作成したネームプレートなどの教材を利用したり、生徒自身に板書をさせることによって受動的になりがちな授業を能動的にすることができる。しかし、限られたスペースを有効に使用するためには、構造的に板書を行うなど工夫が必要である。そして、板書は生徒が書き写すことを想定し、量、スピード、文字の大きさや色、タイミングなどを工夫すべきである。また、生徒には板書をノートに書き写すことは、課題を解いたり、ポイントを書き込んでノートを創っていく、ノート指導と一体化した指導も必要である。

　ところで、板書の機能は、生徒の思考を深める手掛かりとなる一方で、教員の伝えたい内容やその順序、構造を示したり、内容の補足や補強をするなど多様な機能がある。つまり、板書はただ学習内容をまとめるだけではなく、生徒の意見や考えを板書して話し合いをさせたり、授業のなかで学習の流れや問題解決の様子を確認する機能など活用のしかたによっていろいろな機能があるのだ。

　さて、文部科学省によると、板書の役割は、どのように学習内容を進めていけばよいかを理解させ、「学び合い」や「学習方法（学び方）」を習得させることであるとしている。つまり、板書により学習者は、学習内容を深化させることができるとしている。また、板書の要件としては、「授業準備の中で板書計画も決定稿にしておくこと」「主要発問や学習活動の目標は必ず板書すること」「子どもたちがノートすることによって的確な学習活動ができるものを板書すること」「子どもたちが板書する機会も設けること」としている。そして板書の効果には、「全員の集中が図られ内容をよく把握する」「その部分について徹底した検討が可能となる」「傍線・書き込みなどの方法も習得できる」「教師が認めた答えのみでなくすべての発言・意見を拾いあげることができる」としている。このように文部科学省は、板書についてその役割が生徒の理解にとって

有用であるとともに、板書のしかたを紹介することで、板書の必要性、有効性を示しているのである。板書は授業において生徒の理解を促進するための重要な機能と役割があるのである。

　ところで、文部科学省の中学生への調査によると生徒たちが望む板書は、「読みやすい字で書いてほしい」「黒板の下方や両わきには書かないでほしい」「色チョークを使ってほしい。色チョークは何色も使いすぎないでほしい」「字を濃く書いてほしい」「書いてもすぐ消さないでほしい」「要点だけを書いてほしい。番号・記号・箇条書きで整理してほしい」「はじめから順に書いてほしい」「ゆっくり書いてほしい。ノートの時間をとってほしい」である。板書を授業で有効に使うには、生徒の要望も考慮しつつ板書の機能と役割、さらに長所と短所を充分に理解しなければならない。しかしながら、生徒が板書ばかりに頼り、大切なことを自分でメモできるようにならなければ大学の授業や社会では通用しないということも想定することが必要であろう。

　いずれにしろ教材・教具、板書は、生徒の興味・関心を引き出し、学習意欲を高め、効果的な授業を行う上で重要な役割をもっている。生徒にとってもっとも有効な教材・教具を選択、開発し、板書によって学習効果が高まるようにすることが大切である。

第3節　情報処理システムと教育

（1）情報処理システムとは

　情報処理システムとは、情報処理の促進に関する法律第20条第5項で「電子計算機及びプログラムの集合体であって、情報処理の業務を一体的に行うよう構成されたものをいう」と規定されている。つまり、広義には人的機構と機械的機構からなる情報行為を行うシステムを指すが、狭義にはコンピュータを用いてデジタル化されたデータや情報の収集、蓄積、整理、編集、加工、検索などができるようにしたシステムのことをいう。情報処理システムは、一般に、ハードウェア、ソフトウェア、通信設備などから構成されている。

　処理形態は、中央に大型・中型の汎用コンピュータを設置し、そこにすべて

第2章　学習指導（教育方法）の基礎　　93

のデータを集め、端末機からの依頼によって処理を集中的に行う方式の集中情報処理システム、複数の小型コンピュータをネットワークないし回線で結合して、データを共有しつつそれぞれの業務を分担して処理する方式の分散情報処理システムなどがある。また、移動情報処理システム（モバイルコンピューティング）は、ノートパソコンやPDA（Personal Digital Assistance）などの携帯端末と、携帯電話やPHSなどの携帯通信端末を利用して、遠隔地に設置されているサーバに電話回線などを通じてアクセスし、いつでもどこからでも遠隔地のコンピュータ環境が利用できるシステムである。

　コンピュータの活用と情報処理システムの構築により、私たちの情報行為は高速化され、大量の情報を処理することが可能となったり、より正確に、より複雑な意思決定を行うことが可能となった。さらに、情報処理システムは、その開発・発展により教育の現場でも導入されている。

(2) 情報処理システムの教育への活用と問題点

　小学校と中学校では、すでに1985（昭和60）年前後からパソコンが導入され、学校において情報教育への取り組みが始まった。中学校では1993（平成5）年度から2001（平成13）年度まで技術・家庭科に「情報基礎」が選択領域としてカリキュラム上設定され、2002（平成14）年度からは「情報とコンピュータ」という分野が新設されるとともに、このうち基本的分野は必修となった。また、文部省は高校では情報教育が本格的実施の時代に入ったとして、これから必要とされるのは、既存のコンピュータに適応する能力だけでなく、コンピュータによって開かれた新しい社会状況、すなわち高度情報社会に適切に対応できる情報活用能力であるとしている（文部省，1991）。さらに、2003（平成15）年度からは選択必修科目として「情報」が設置された。それに伴い、すべての高校で情報処理システム環境の整備が必要となった。情報化の進展に伴い、高度情報化社会といわれる現代社会において、あらゆる場面で情報処理システムが浸透し、活用されている。ほとんどの国民が情報処理システムを使用することができるということを前提とした社会のなかで、学校にも情報処理システムは導入され、情報教育が行われている。

情報処理システムの教育への導入は、教育に多様化をもたらし、教育の可能性を広げた。たとえば、移動情報処理システムを利用した反転授業や総合的な学習の時間などで、情報検索の際にインターネットを使用したり、パソコンのワープロソフトウェアでレポートをまとめたり、プレゼンテーションソフトウェアで発表したりと授業で活用されている。あるいは、遠く離れた人と電話会議システムなどを利用して授業を行う遠隔教育などもある。

　また、生徒のみではなく教員にとっても情報処理システムを利用するメリットは大きい。教員の利用は、教材作成や教材提示、評価の記録、時間割作成、クラスだよりの作成などの文書作成、表計算、データベース、プレゼンテーションといった広範囲にわたる。

　しかしながら、情報検索をインターネットにのみ頼るようになるなどの問題も出てきている。インターネットの情報に対して発信元を確認もせずに正しいと勘違いするようになったり、手軽にできるインターネットで調べた情報のみのコピーアンドペーストでレポートを作成するといったような問題である。また、学校のホームページの写真掲載に関しても配慮が必要である。教員は、情報機器の操作だけではなく、情報倫理も習得しなければならない。

　だが、情報処理システムに頼りすぎてしまう授業は、人と人とのふれ合いがもたらすという本来の教育が置き去りにされてしまう。たとえば端末室の授業で、教員用モニターに映し出された生徒たちの画面をチェックし、机間巡視をせず、直接指導しないなど、情報処理システムに頼りすぎる授業である。そこに教員と生徒といった人間同士の関係があることを忘れさせ、モニターを通した生徒は血の通った人間という実感がわかず、生徒が理解したか、興味をもったか、関心を寄せたかなどの生徒の反応を置き去りにし、生徒を物のように見てしまう危険性がある。情報処理システムに偏重しないようにバランスよく、効果的に利用することが大切である。それには、情報機器の特徴と従来の授業の特徴の両方をしっかりと習得する必要がある。

第2章　学習指導（教育方法）の基礎　　95

第4節　学習指導の現代的課題

　学習指導は、いろいろな種類・方法があるが、クラスの状況や時代によってもどの方法を選択するかは変化する。とくに現代においては情報機器の発達により学習指導の方法の選択肢が増えた分、教員が習得しなければならないことも増えたのである。情報機器、情報処理システムの導入により便利になった一方で、使い方しだいでは逆効果になってしまうという危険性もある。そこで、情報機器を中心に学習指導の現代的課題を取り上げていく。

　まず、**電子黒板**である。文部科学省は、「子供たちが、国際競争や技術革新が絶え間なく続く 21 世紀を生き抜くためには、ICT を活用しながら、課題を解決するための思考力・判断力・表現力を身に付けるとともに、自ら課題を発見・設定し、その解決に向けて主体的・協働的に探究していく態度を育むことが大切です」（「電子黒板を活用した授業実践に関する調査研究」電子黒板活用場面集『授業がもっとよくなる電子黒板活用』）とし、そのためには情報通信技術の進展に応じて、学校と家庭が連携し、教育内容・方法、教育システムなどを効果的に改善して、子どもたちに確かな学力を育成することが求められることを理由として電子黒板の整備を推進している。文部科学省の委託を受けた内田洋行教育総合研究所の調査によると、生徒の関心・意欲、思考・表現、知識・理解が高くなるという、一体型電子黒板の有用性が認められたという結果であった。しかし、工夫して使用しなければ、生徒はテレビや DVD を見ている感覚で、その場では集中しているようでも後で知識として残っていない、ノートを取るポイントが板書と違うためノートの取り方の指導を板書以上に行わなければならない、などの問題が考えられる。また、大学で教職コースを選択している学生の人数に対応できるほど電子黒板を設置している大学は少ない。教員になった際に電子黒板を有効に利用できるようになるための研修が必要である。そして、電子黒板に頼るようになってしまった場合、本来の板書技術を習得し、発展させることができず、電子黒板がない学校に配属された場合に板書ができずに困るといった問題も指摘できるだろう。

　次に反転授業や**デジタル教科書**で利用される**タブレット（多機能携帯端末）**に

ついてである。デジタル教科書には、拡大機能、音声再生機能、アニメーション機能、参考資料機能、書き込み機能、保存機能、正答比較機能がある。デジタル教科書は、現在は副教材であるが、本格導入されれば授業のあり方がまったく変わる。たとえば、タブレットにデジタル教科書をインストールし、自宅でも動画を利用して英語のリスニングやヒアリングの予習・復習や発音のチェックができるようになる。授業ではタブレットと電子黒板とを連携させた授業など、これまでとは違ったいろいろな授業が可能となる。さらに、特別支援教育においても、その障害にあわせたアプリを利用したり機器を工夫するなどのアシスティブ・テクノロジーによって学習を支援するのにタブレットの活用が行われている。その一方でデメリットについても指摘されている。文章を書くこと、じっくりと考える時間の減少や目に対する負荷、思考力、判断力、表現力を身につけるのには向いていない、などである。さらにデジタル教材で、学びの質が変化してしまい、基礎的な知識、スキルが向上しても、本来求められるべき深い理解の妨げになっている可能性がある。これらのデメリットを考慮しつつ、教員がこれらのデメリットをフォローするように配慮しなければならない。

　また、現在はタブレットは「貸与」という形式をとっているので、本格的に紙の教科書からデジタルになった場合、教科書を手元に残せないという問題もある。タブレット依存症のリスク、授業中に指示されたこと以外のことをしている生徒の指導やインターネットなどを機能制限した場合の利便性の問題、費用、故障したときの修理やメンテナンスなどタブレット導入にはまだまだ課題がある。

　そして、ICT（**情報通信技術**）の問題である。ICT の導入により教員の負担が軽減される一方で情報漏洩のリスクが課題となる。インターネットに接続することができるということは、ウイルス感染などによって情報漏洩したり、遠隔操作されるなどの危険性が常に存在するということである。

　また、セキュリティをどのように確保するかは、ハード面のみではなく、Facebook や twitter のような SNS などに自分や他人の名前や学校名、住所、電話番号のような個人情報を書かないようにするなど教員と生徒の情報倫理教

育が重要である。さらに、2004（平成16）年の佐世保女児同級生殺害事件の事例にみるように、ネット上に悪口を書き、トラブルとなり、殺人にまで至るケースもでてきたり、また自分や友人などの写真や動画をSNSに投稿したり、写真を本人の了解なしに第三者に送ったり、LINEなど無料通話アプリなどでのコミュニケーションが原因で起こる仲間はずれやいじめなども大きな問題となっている。これらの問題や犯罪などが起きないように教育するとともに監視・管理することも必要である。

　教育の効果というものには即効性があるものばかりではない。したがってICT機器導入による教育効果がどのようなものであるか、またそもそも効果があるのかということに関しては、現時点では限られた範囲の効果しかわからない。中・長期的に継続して効果を確認し、それをもとにした修正をしなければならない。ただ、便利だからとか最先端技術だからという理由ではなく、ICT機器を活用した教育がどのような効果と課題があるかを充分に検討した上で授業に活用することが必要である。それと同時に、ICT環境の整備とそれを活用することができる人材など地域・自治体の格差が生じているが、これが教育格差につながらないようにしていかなければならない。

（宮崎　智絵）

【引用・参考文献】

谷田貝公昭・林邦雄・成田國英編『教育方法論』改訂版、一藝社、2015年
佐藤晴雄『現代教育概論』学陽書房、2011年
教科用図書検定調査審議会統括部会教科書検定手続き改善に関するワーキンググループ第1回配布資料（http://www.mext.go.jp/b_menu/shingi/tosho/003/gijiroku/08052214/001.htm）
文部省『情報教育の手引き』1991年
細野公男・中島閨多・浦昭二共編『情報社会を理解するためのキーワード：2』培風館、2003年
中川一史・山本朋弘・佐和伸明・村井万寿夫編著、一般社団法人日本教育情報化振興会監修『タブレット端末を活用した21世紀型コミュニケーション力の育成』フォーラム・A、2015年
新井紀子『ほんとうにいいの？デジタル教科書（岩波ブックレット）』岩波書店、2012年
原田恵理子・森山賢一編著『ICTを活用した新しい学校教育』北樹出版、2015年

教員養成と教職

第1節　教員養成と教員免許状

　日本では、教育職員免許法において教員免許の種類や取得条件、申請方法などが定められている。さらに、教員として必要な最新の知識・技能を身につける目的で、教員免許更新制が導入されている。また、学校教育の多様化・活性化のために教員免許状を所有していない者でも期限付きで教員になることができる制度もある。そして、教員養成は、主に大学で行われているが、規定に基づく教職課程を備えた大学であればどの大学でも教員免許状を取得することができる開放的免許制度をとることにより、幅広い人材を育成、確保することができるしくみとなっている。それと同時に、教科指導だけではなく実践的指導力を身につけた人材など質の確保もしなければならない。教育職員免許法は、改正を行いながら、教員として求められる普遍的な資質とともにその時代に必要な人材の育成と確保を行っている。

(1) 教員免許制度の概要

　日本の**教員免許制度**は、相当免許状主義をとっており、学校の種類ごとの教員免許状が必要である。教育職員の免許状に関する基準を定めているのは、1949（昭和24）年5月31日公布、同年に施行された**教育職員免許法**である。

　教育職員免許法による免許状の種類は、普通免許状、特別免許状、臨時免許状の3種類があり、都道府県教育委員会に申請して授与される。授与を受ける所要資格は、学位と教職課程等での単位修得、又は教員資格認定試験（幼稚園、小学校、特別支援学校自立活動のみ実施）に合格するか、都道府県教育委員会が行う人物・学力・実務・身体面などの教育職員検定を経る必要がある。

　普通免許状は、学校の種類ごとの教諭の免許状、養護教諭の免許状および栄

養教諭の免許状とし、それぞれ専修免許状、一種免許状および二種免許状（高等学校教諭の免許状では、専修免許状および一種免許状）に区分されている。基礎資格として、専修は修士、一種は学士、二種は短期大学士の学位を必要とし、有効期間は 10 年である。

特別免許状は、社会的経験を有する者に、教育職員検定を経て授与される。任命または雇用しようとする者の推薦が必要であり、教科に関する専門的な知識経験または技能、社会的信望、教員の職務に必要な熱意と識見があることが求められる。授与された都道府県内においてのみ有効で、期間は 10 年である。

臨時免許状は、学校の種類ごとの助教諭の免許状および養護助教諭の免許状とされている。普通免許状をもっている者を採用することができない場合に限り、教育職員検定を経て授与される。有効期間は 3 年であるが、当分の間、相当期間にわたり普通免許状をもっている者を採用することができない場合に限り、都道府県が教育委員会規則を定めることにより、有効期間を 6 年とすることができる。

また、中学校及び高等学校の教員の普通免許状及び臨時免許状は、中学校は、国語、社会、数学、理科、音楽、美術、保健体育、保健、技術、家庭、職業（職業指導及び職業実習を含む）、職業指導、職業実習、外国語（英語、ドイツ語、フランス語その他の外国語）、宗教の各教科について授与されている。高等学校は、国語、地理歴史、公民、数学、理科、音楽、美術、工芸、書道、保健体育、保健、看護、看護実習、家庭、家庭実習、情報、情報実習、農業、農業実習、工業、工業実習、商業、商業実習、水産、水産実習、福祉、福祉実習、商船、商船実習、職業指導、外国語（英語、ドイツ語、フランス語その他の外国語）、宗教の各教科について授与される。ただし、多様な専門的知識・経験をもつ人を教科の学習に迎え入れることにより、学校教育の多様化への対応や活性化を図ることを目的とし、教員免許状を所有していない非常勤講師が教科の領域の一部を担当することができる特別非常勤講師制度や校内の他の教科の教員免許状を所有する教諭等が 1 年に限り免許外の教科を担当することができる免許外教科担任制度のような免許状主義の例外的制度もある。

さらに、2007（平成 19）年 6 月の改正教育職員免許法の成立により、2009（平

成21）年4月1日から**教員免許更新制**が導入された。2009年4月1日以降の更新制導入後にはじめて授与される免許状を「新免許状」、それ以前の教員免許更新制導入前に授与された免許状を「旧免許状」という。文部科学大臣の認定を受けた大学などが開設する教員免許更新講習で30時間以上の受講・修了が必要である。講習内容は、教育の最新事情に関する事項（12時間、必修領域）と教科指導、生徒指導その他教育内容の充実に関する事項（18時間、選択領域）である。また、旧免許状を取得した者にも教員免許更新制の基本的な枠組みが適用される。旧免許状をもつ場合、更新講習の受講対象者に該当しない場合は、更新講習を修了せずに修了確認期限を経過しても免許状は失効せず、免許状を免許管理者に返納する必要はない。しかし、教員採用内定を得るなど受講対象者になった場合は、更新講習を受講・修了しなければ教壇に立つことはできない。校長・副校長・教頭を含む現職教員、教育長、指導主事、社会教育主事、その他教育委員会において学校教育または社会教育に関する指導等を行う者など更新講習の受講義務がある場合、更新講習を修了せずに修了確認期限を経過したら免許状は失効することとなり、免許状を免許管理者に返納する必要がある。しかし、修了確認期限を過ぎて免許状が失効した場合でも更新講習を受講・修了することによって、有効な免許状を再び取得することができる。新免許状をもっている場合は受講対象者であるかどうかにかかわらず、更新講習を受講・修了しなかった場合は有効期間の満了日で失効する。ただし、免許状が失効した場合でも、更新講習を受講・修了することによって、有効な免許状を再び取得することができる。

　教員免許更新制の目的は、その時々で教員として必要な最新の知識技能を身につけることであり、教員免許更新制は不適格教員を排除することを目的としたものではない。しかし、30時間という長時間の研修の効果・内容に対する疑問、研修内容の地域間のばらつき、研修費用3万円と交通費が自己負担であるという大きな負担を強いられる、教科別の講習が必要な場合、対応した講習が住んでいる県内で行われていない、あるいは行われていても定員が少なく他の都道府県まで行かなければならない、生徒の指導の時間がなくなるなど多くの課題がある。

（2）大学における教員養成

　戦前の日本の教員養成は、1943（昭和18）年に「師範教育令」が改正され、それまでの府県立師範学校は官立へと移管した。師範学校の教育の目標および内容は戦時教育体制のもとに国民学校との関連を重視して改革し、教科書も国定化した。

　そして、戦後の教員養成は、教育職員免許法において、文部科学省令で定める科目の単位を大学または文部科学大臣の指定する教員養成機関において修得していることを規定している。つまり、教職課程は、短期大学および大学院を含む大学において、教育職員の普通免許状の授与を受けるのに必要な単位が修得できるよう所定の科目等を設置した課程のことである。その枠組みについては教育職員免許法およびその関係法令に規定されており、教職課程では「教職に関する科目」や「教科に関する科目」などの規定に基づく教職課程を備えた大学であればどの大学でも教員免許状を取得することができる。このような開放的免許制度をとることによって、多種多様な幅広い人材を育成することができるのである。

　平成に入り、教育職員免許法の大きな改正は3回行われてきたが、それは教員養成にも大きく影響を与えるものであった。1989（昭和64）年の改正では「実践的指導力」の観点から、教職に関する専門科目として「生徒指導（教育相談及び進路指導を含む）に関する科目（2単位）」と「特別活動（2単位）」の新設と教育実習の単位数に「教育実習に係わる事前及び事後の指導」の1単位が含まれ、小学校5単位、中学・高校の場合は3単位となった。生徒指導や特別活動は、教科・学習指導に比べて教員養成段階では重要視されてこなかったが、実際に教員となった場合、教科・学習指導とともに生徒指導や特別活動は非常に重要である。生徒とのかかわりが深いのはむしろ生徒指導や特別活動であり、教員養成においても生徒指導の基礎的な知識、指導力は身につけておかなければならない領域である。さらに、教育公務員特例法の改正で、1年間の初任者研修が実施されることになった。大学における教員養成のみでは実践的指導力は充分なレベルには達しないということであり、教員採用後に研修により実践的指導力を養うのである。つまり、大学での教員養成と初任者研修の2段階で実践

的指導力を育成していくのである。1998（平成10）年の改正では、使命感・得意分野・個性の育成を目的として教職に関する科目の単位増が図られた。この改正では「総合演習」（2単位）の設置、中学校の教育実習を3単位から5単位へ、生徒指導、教育相談及び進路指導に関する科目の充実、外国語コミュニケーションと情報機器の操作の必修化、教員養成カリキュラムに選択履修方式を導入することなどが行われた。「総合演習」は、原則としてディスカッションなどを中心とした演習形式の授業である。高度情報化社会、グローバル化する社会に対応でき、いじめや不登校の問題が社会化していくなかで、教員の使命感・得意分野・個性の育成が必要となってきたのである。2007（平成19）年の改正では、教職課程の質的水準の向上、教職大学院制度の創設、教員免許更新制の導入が行われた。教員免許更新制は、それまで終身制であった教員免許状を更新制に変更するという大きな改正である。

　このように教育職員免許法の改正により、大学における教員養成は時代とともに変化しているが、大学における教員養成の基本は、高い教養と深い専門的な学術の研究を通して個性豊かな人間を形成し、教育についての専門的な知識と技術を生み出すことを制度的に確立しようとするものである。大学で学ぶということは、授業をきっかけとして自分で課題や興味・関心を喚起し、みずから探求する姿勢をもち、学問の精神や方法を学ぶということである。そして、日本の教員は、授業だけではなく、生徒指導や進路指導、部活動の指導など、その教育活動は広範囲にわたる。それゆえに教科・学習指導だけではなく、生徒の人格形成に関わるという自覚をもち、教員として求められる責任と資質能力を教員養成段階で育成していくことが求められるのである。

◆◆ 第2節　教員の身分と役割

（1）教員とは

　教育職員免許法において「**教育職員**」とは、「学校に規定する幼稚園、小学校、中学校、高等学校、中等教育学校及び特別支援学校ならびに就学前の子どもに関する教育、保育等の総合的な提供の推進に関する法律第二条第七項に規定す

第3章　教員養成と教職　103

る幼保連携型認定こども園の主幹教諭、指導教諭、教諭、助教諭、養護教諭、養護助教諭、栄養教諭、主幹保育教諭、指導保育教諭、保育教諭、助保育教諭及び講師（以下「教員」という）をいう」と規定されている。ただし、教育職員は、各相当の免許状を有する者でなければならない、ともされている。つまり教員とは、学校という組織の教育機関で教育や指導にたずさわる人である。そして、教員に求められる資質能力は、教科を教えること、学習指導とともに生徒指導などに必要な人間尊重・人権尊重の精神などである。

（2）教員の種類と身分

　教員の種類は、校長、副校長、教頭、主幹教諭、指導教諭、教諭・助教諭・講師、栄養教諭、養護教諭・養護助教諭、など給料表上の「教育職」が適用される職員を意味するのが一般的である。2015（平成27）年度学校基本調査の学校調査・学校通信教育調査によると、幼稚園、認定こども園幼保連携型、小学校、中学校、高等学校、中等教育学校、特別支援学校、専修学校、各種学校の全国の教員数は下記の表のとおりである（表Ⅱ-3-1、2）。

　教員の身分は、私立学校の教員は学校法人の職員としての身分をもっており、国立学校は国立大学行政法人または独立行政法人国立高等・専門学校機構等の法人職員、公立学校の教員は地方公務員である。しかし、教員の職務と責任の特殊性から公立学校の教員は一部は地方公務員法の特例措置として教育公務員特例法によって特例がもうけられている。つまり、教員の給与は、県によって負担されため「県費負担教職員」といい、そのため、任命権者は都道府県教育委員会にある。要するに教員は、地方公務員法と教育公務員特例法で服務等が規定されているのである。そして、日本国憲法第15条では「すべて公務員は、全体の奉仕者であって、一部の奉仕者ではない」とし、地方公務員法30条では、「すべて職員は、全体の奉仕者として公共の利益のために勤務し、且つ、職務の遂行に当つては、全力を挙げてこれに専念しなければならない」と規定している。公立の教員は公務員であるため、憲法によっても服務姿勢と義務が規定されており、国全体の奉仕者としての自覚をもち、教育という職務を遂行しなければならないのである。

表Ⅱ-3-1　各種別教職員数（本務者）

区　　分	計	男	女
校　　長	45,968	34,403	11,565
副校長	8,852	4,612	4,240
教　　頭	38,235	30,560	7,675
主幹教諭	25,827	14,534	11,293
指導教諭	4,126	1,417	2,709
教　　諭	872,933	384,907	488,026
助教諭	5,826	1,534	4,292
主幹養護教諭	12	0	12
養護教諭	38,030	52	37,978
養護助教諭	3,102	12	3,090
主幹栄養教諭	66	3	63
栄養教諭	6,028	135	5,893
講　　師	79,134	33,619	45,515
総　　計	1,177,673	530,296	647,377

表Ⅱ-3-2　学校別教職員数（本務者）

区　　分	計	男	女
幼稚園	101,498	6,728	94,770
認定こども園・幼保連携型	37,415	2,118	35,297
小学校	417,151	157,124	260,027
中学校	253,705	145,163	108,542
高等学校	234,965	161,373	73,592
中等教育学校	2,509	1,655	854
特別支援学校	80,896	31,627	49,269
専修学校	40,922	19,429	21,493
各種学校	8,612	5,079	3,533
総　　計	1,177,673	530,296	647,377

（2015 年 8 月 6 日公表の文部科学省「学校基本調査」をもとに著者が作成）

　さて、身分上の義務としては、地方公務員法において①信用失墜行為の禁止、②秘密を守る義務（守秘義務）、③政治的行為の制限、④争議行為等の禁止、⑤営利企業等の従事制限が規定されている。信用失墜行為の禁止は、その職の信用を傷つけたり職員の職全体の不名誉となるような行為をしてはならないということであり、秘密を守る義務は、職務上知り得た秘密を漏らしてはならないということである。政治的行為の制限は、政党その他の政治的団体の結成に関与したり、役員となったり、特定の政党その他の政治的団体などの支持、不支持など政治的な活動を制限または禁止しているのである。争議行為等の禁止は、ストライキやサボタージュを禁止しており、営利企業等の従事制限では、任命権者の許可なしに営利を目的とした私企業を営んだり事業あるいは事務に従事することを禁じている。

　さらに、教育基本法第 9 条では、「①法律に定める学校の教員は、自己の崇高な使命を深く自覚し、絶えず研究と修養に励み、その職責の遂行に努めなけ

ればならない。②前項の教員については、その使命と職責の重要性にかんがみ、その身分は尊重され、待遇の適正が期せられるとともに、養成と研修の充実が図られなければならない」と規定されている。教員は、全体の奉仕者として使命感をもって教育に携わり、研究や研修に励み、職責を遂行しなければならないのである。そのため、教員の身分は尊重されるのである。

　ところで、文部科学省は、「教育改革国民会議報告」をふまえ、2001（平成13）年1月に今後の教育改革の取組みの全体像を示し、具体的な主要施策や課題、取組みの予定を明らかにした「21世紀教育新生プラン」を取りまとめた。このプランを受け、緊急に対応すべきものとして6つの教育改革に関連する法律が成立した。2002（平成14）年においても教育改革に関連する法律改正として、国立大学の統合、短期大学部の廃止および高等専門学校の新設について規定する国立学校設置法の一部を改正する法律、教員免許制度上の弾力的措置を講じること、社会人の活用を促進するための所要の措置を講ずること、教員免許状の失効及び取上げに係る措置を強化することを内容とする教育職員免許法の一部を改正する法律、教諭等としての在職期間が10年に達した者に対する個々の能力、適性等に応じた研修を義務づけることを内容とする教育公務員特例法の一部を改正する法律が成立した。また、中央教育審議会から奉仕活動・体験活動の推進のためのしくみなどについて順次答申が出された。21世紀教育新生プランを受けて、地方教育行政の組織及び運営に関する法律の一部を改正し、指導が不適切な教員を教員以外の他の職へ転職措置を創設した。法改正をふまえつつ、各都道府県・指定都市教育委員会において指導力不足教員に関する人事管理システムづくりが行われた。この指導力不足教員は、各教育委員会によって定められ、教育委員会が設けている判定委員会によって「指導力不足教員」が認定される。しかしながら何をもって指導力不足とするかは、各教育委員会によってさまざまである。したがって判定基準にかなり差があるようである。たとえば、精神障害等により指導力を発揮できない教員を認定するかどうかは教育委員会によって違いがある。認定された場合、研修が行われるが、その期間も教育委員会によって異なる。いずれにしろ認定された場合、教員以外の職員へ円滑に異動させる場合もあるが、教員のダメージは大きく、退職をす

る教員も少なくないなどの課題がある。

(3) 教員の役割

　教員の役割には、指導計画の作成、教材研究、学習評価などの教科指導、朝の会やホームルームの実施、問題のある生徒への対処など生徒指導や学級経営、学校という組織の一員として学校運営や教育がスムーズにいくように校務を果たす役割、進路指導、部活動の指導、学校行事の運営と指導、遠足や修学旅行の引率など授業以外にも多種多様な役割がある。とくに最近では、地域と学校をつなぐ、通学路の安全確保、学校評価や外部への説明責任、保護者対応の役割が増大している。

　教育基本法では、教育の目的について「人格の完成を目指し、平和で民主的な国家及び社会の形成者として必要な資質を備えた心身ともに健康な国民の育成を期して行われなければならない」とし、教育の目標を「幅広い知識と教養を身に付け、真理を求める態度を養い、豊かな情操と道徳心を培うとともに、健やかな身体を養うこと」「個人の価値を尊重して、その能力を伸ばし、創造性を培い、自主及び自律の精神を養うとともに、職業及び生活との関連を重視し、勤労を重んずる態度を養うこと」「正義と責任、男女の平等、自他の敬愛と協力を重んずるとともに、公共の精神に基づき、主体的に社会の形成に参画し、その発展に寄与する態度を養うこと」「生命を尊び、自然を大切にし、環境の保全に寄与する態度を養うこと」「伝統と文化を尊重し、それらをはぐくんできた我が国と郷土を愛するとともに、他国を尊重し、国際社会の平和と発展に寄与する態度を養うこと」としている。つまり、教員に求められる役割は、教科指導とともに教育基本法に定められた教育の目的を達成し、生徒の価値観や道徳心の形成、人権尊重、日本人としてのアイデンティティとともに国際意識をもった生徒の育成というように非常に幅広いのである。同時にこれは、教員に求められ、兼ね備えておかなければならない資質でもある。教員自身が、幅広い教養と専門的知識をもつだけではなく、人権を尊重し、伝統と文化を尊重する態度をもたなければならないのである。さらに、グローバル化社会において日本人としてのアイデンティティをしっかりともちつつも国際的感覚をも

つ教員が求められている。

（宮崎　智絵）

【引用・参考文献】

小島弘道・北神正行・平井貴美代『教師の条件』学文社、2002 年
坂本昭『教育制度の歴史と現状』中川書店、2008 年

第3節　変わる教員養成

(1) 教員養成の新動向

　教員養成のあり方や制度、教員に求められる資質能力は時代の要請に対応して変化している。2006（平成 18）年の改正教育基本法において、教員の使命感と職責、教員養成と研修に関する条項（第 6 条、第 9 条）が加わり、教員の資質向上に焦点化した改革が進められている。

　今日、教員にはどのような資質が求められているのだろうか。2012（平成24）年、中央教育審議会「教職生活の全体を通じた教員の資質能力の総合的な向上方策について」（答申）においては、社会の急速な変化、学校教育の諸課題に対応するために、以下の資質能力を求めている。

表Ⅱ-3-3　これからの教育に求められる資質能力

1）教職に対する責任感、探究力、教職生活全体を通じて自主的に学び続ける力
2）専門職としての高度な知識・技能
・教科や教職に関する高度な専門的知識
・新たな学びを展開できる実戦的指導力
・教科指導、生徒指導、学級経営等を的確に実践できる力
3）総合的な人間力

　「新たな学び」とは、学習指導要領（2008）が目指す、グローバル・知識基盤社会において必要な「習得」「活用」「探究」の学力であり、教職に関する専門的な知識・技術を活用・応用してあらたな学びを展開できる実践的指導力が求められている。総合的な人間力とは、「豊かな人間性や社会性、コミュニケーション力、同僚とチームで対応する力、地域や社会の多様な組織等と連携・協

108　　第Ⅱ部　教育学の諸問題

働できる力」である。近年、学校教育への期待が高まる一方で、学級崩壊、いじめ、教員の不祥事や体罰など、教員や学校に対する不信感が強くなっており、学校教育への信頼を回復するために、「学び続ける教員像」を確立することが方策の根底にあるといえよう。

　このような教員像が求められる背景として、第1に、教員の大量退職・採用による学校経営の困難化があげられる。50〜60歳の退職教員が増大しているため、公立小中学校の教員需要は2019（平成31）年にピークを迎えると見込まれ、2023（平成35）年くらいまでは20〜40代の教員が学校運営の中心になると予測されている。新人教員を育てるベテラン教員の減少と同時に、中堅教員は多忙を極め実践知の世代間継承が困難になっている。また、OECD調査によると、日本の教員は、加盟国のなかで授業以外の仕事に費やす時間が最多であり、生徒指導、保護者対応その他のストレスによる心身の不調、精神疾患などメンタルヘルスが悪化している。このような現状から、学校教育の指導的役割を果たすリーダーの養成、実践力指導力の基礎を身に付けた教員養成が課題となっている。

　第2に、学校教育の課題の複雑・多様化である。変化の激しい21世紀を生き抜くための学力モデルは、試験で満点をとる知識力ではなく、知識や技術を活用し、思考、判断し、行動できる力であり、文化や価値観の違う他者との交流、対話を通して合意形成しながら協働できる力である。教員には、このような学びを展開するための教育課程を実施する専門的力量が一層求められている。

　また、特別支援教育、道徳教育、小学校の外国語活動、ICTの活用、外国にルーツをもつ児童生徒の日本語指導、小規模校・少人数学級の学校運営やカリキュラム開発などの課題がある。このような今日的課題に対応するために、初任段階で教科指導や生徒指導、学級経営を的確に行う実践力や、教員やスタッフ、保護者や外部の専門家、関係諸機関とチームとして連携協力する組織力が求められている。

　以上のような課題は、学校内部の努力や熱意だけで解決することは難しく、教員の指導力不足のみに責任転嫁できるものではない。中央教育審議会の審議においては、今後は教員養成と採用、現職教育の在り方と構造そのものを転換

し、改善していくことが提言されている。

(2) 特別支援教育と教員養成

　2006（平成18）年、学校教育法が改正され、**「特殊教育」**から**「特別支援教育」**への転換が図られた。従来の盲・聾・養護学校が特別支援学校に一本化され、特殊学級が特別支援学級に改称されるとともに、小・中学校等においては学習障害（LD）、注意欠陥・多動性障害（ADHD）、高機能自閉症などの**発達障害**を含む、障害のある児童生徒に対する適切な教育を行うことがあらたに規定された。特別支援教育とは「障害のある幼児児童生徒の自立や社会参加に向けた主体的な取組を支援するという視点に立ち、幼児児童生徒一人一人の教育的ニーズを把握し、その持てる力を高め、生活や学習上の困難を改善又は克服するため、適切な指導及び必要な支援を行うもの」（「特別支援教育の推進について」文部科学省通知　2007年4月）である。その理念は、**特別な教育ニーズ**をもつすべての子どもが基本的には通常の学校で特別な支援を受ける**インクルージョン**の理念（1994、ユネスコ「サマランカ宣言」）に基づいている。さらに2006年の国連「障害者の権利に関する条約」は、障害のある者とない者がともに学ぶ場と、特別な教育的ニーズをもつ児童生徒に対して「合理的配慮」に基づく多様な学びの場を整備することを求めており、わが国は2014（平成26）年に同条約を批准した。これにより、共生社会の形成に向けた**インクルーシブ教育システム**の構築のため、特別支援教育を着実に進める取り組みが始動している。

　特別支援学校の教員免許については、改正教育職員免許法（2007）により、盲・聾・養護学校ごとの3種類の免許状から、特別支援学校教諭免許状に一本化された。特別支援学校教員は、幼稚園、小・中学校、または高等学校の免許状と、特別支援学校教諭免許状の取得を必要とする。特別支援教育の5領域（視覚障害・聴覚障害・知的障害・肢体不自由・病弱者）のなかから特定して授与され、複数領域の取得も可能である。自立活動を主に担当する教員は、特別支援学校自立活動教諭免許状を資格認定試験で取得することになっている。特別支援学校教員の特別支援学校教諭免許状の保有状況は、全体で72％、新規採用者で65.7％（平成26年度）であり、教育職員免許法附則第16項により、「当分の間」

110　　第Ⅱ部　教育学の諸問題

当該免許状を保有しなくても特別支援学校教員となることができるという例外措置により教員を確保している。現在、特別支援学校は、在籍児童の障害の多様化、重度化・重複化への対応だけでなく、地域のセンターとしての役割に対応できる専門性が求められている。今後は、免許状の保有率向上、附則16項の見直し、教育職員検定の活用、免許法認定講習の受講促進、教員養成段階における免許状取得の促進などが検討課題となっている。

　小・中学校等において特別支援教育を担当する教員には、現在は免許法上特別支援学校教諭免許状の保有を必要とされていない。小・中学校の**特別支援学級**（知的障害、肢体不自由、病弱・身体虚弱、弱視、難聴、言語障害、自閉症・情緒障害）担任の免許状保有率は3割前後であり、その専門性の担保が課題となっている。また**通級による指導**（弱視、難聴、肢体不自由、病弱・身体虚弱、自閉症、情緒障害、学習障害、注意欠陥多様性障害、その他）については、言語障害、情緒障害・自閉症、発達障害により個別的支援が必要な児童生徒が増加している。通常学級においても、知的発達に遅れはないが学習や行動面において著しい困難を示すと担任が回答した児童生徒の割合が6.5％となっており、いじめや不登校との関連、うつなどの二次障害の発症など人間関係や日常生活に困難を抱える事例も多く報告されている。そのため、児童生徒の特別な教育ニーズを適切に把握し、指導内容や方法など教育課程を弾力的に取り扱い、個別的な支援を計画、実践できる教員が必要とされている。

　現在、幼稚園、小・中学校、高等学校教諭の免許状取得に際しては、「教育の基礎理論に関する科目」として、「幼児、児童及び生徒の心身の発達及び学習の過程（障害のある幼児、児童及び生徒の心身の発達及び学習の過程を含む。）」がある。2015（平成27）年7月、中央教育審議会教員養成部会「これからの学校教育を担う教員の資質能力の向上について（中間まとめ）」においては、教職課程において、特別支援教育の理論及び指導方法を独立した科目として位置づけることや、特別支援教育の中心的役割を担う教員や特別支援教育コーディネーターの専門性を向上確保する研修の実施が提案されている。

(3) 道徳教育と教員養成

　小学校、中学校学習指導要領が一部改正（2015）され、「道徳の時間」が「特別の教科　道徳」となり、それぞれ2018（平成30）、2019（平成31）年度より実施される。「道徳の時間」は教科ではないため学級担任が指導にあたり、すべての教員の責任と協力のもとに学校教育全体を通して道徳教育が行われてきた。今後は、新しい「特別の教科　道徳」の趣旨を理解し、児童生徒の発達段階に応じて、教科書や資料（教材）を活用して道徳授業を展開できる実践力が求められており、教員養成、研修のあり方が課題となっている。

　現在、教職科目として「道徳の指導法」（2単位）があるが、半期1コマの講座では、哲学・倫理や心理学、歴史、学習指導要領の理解（道徳教育の意義や目標、内容、指導計画等）、学習指導案、授業実践、教材論や方法論など、必須内容をバランスよく修得することは極めて困難である。中央教育審議会答申（2014年10月、「道徳に係る教育課程の改善等について」）においては、教職科目における道徳については、「人間としての理解を深め、指導力を身に付けるため、理論面、実践面、実地経験面の三つの側面から改善・充実を図る」必要があるとし、小・中学校の教職科目「道徳の指導法」の2単位、高等学校の履修基準を見直し、道徳教育を専門的に学べるようなカリキュラムの改善と履修単位数の増加を検討課題としている。教員免許制度については、教育内容や方法についての専門的知識が必要とされることから、中学校段階においては専門免許状が検討されるべきという意見、学校教育全体で道徳教育を行い学校運営を円滑にするためには、学級担任が道徳授業を担当すべきであり専門免許状は必要でないという意見があり、具体的な検討は今後に待たれる。

　高等学校においては、学校の教育活動全体を通して道徳教育が行われている。「人間としての生き方在り方」を深く見つめ考え、民主社会の一員としての資質を養い自己形成していく上で、青年期における道徳教育の充実は重要課題である。近年、教育委員会が高等学校用道徳の副読本を作成し、「総合的な学習の時間」を利用して道徳教育を実施、あるいは必修化する高校もあるが、全教員の共通理解をふまえた中核的な道徳教育の場は十分担保されていない。中央教育審議会答申（2014）は、次期高等学校指導要領の改訂に向けて、「社会との

関わりの中で主体的に生きる力を育成することをねらいとした新科目の設置に関する検討なども踏まえ、道徳教育の改善のための検討を行うことが必要である」としている。今後は、高校教員の道徳教育への理解、指導力向上についても課題となるであろう。道徳教育に関する教員養成、免許制度については、これからの中央教育審議会各部会の審議をふまえて具体的に検討されることになっている。

（長谷川　千恵美）

【引用・参考文献】

秋田喜代美・佐藤学『新しい時代の教職入門』有斐閣、2014 年
山崎博敏『教員需要推計と教員養成の展望』協同出版、2015 年
大塚玲編著『教員をめざすための特別支援教育入門』萌文書林、2015 年
押谷由夫・柳沼良太編著『道徳の時代をつくる！―道徳教科化への始動』教育出版、2014 年

新しい教育課題

　本章では「新しい教育課題」を取り上げる。教育を取り巻く問題は時代によってさまざまであるが、ここでは社会的なもの、家庭・地域という場、生涯教育について述べる。

　教育と現代社会との間には、多様な問題が横たわっているが、本章ではとくにコミュニティ・ボランティア・国際化・情報化を取り上げる。コミュニティの姿は以前とは様変わりしているが、2011（平成23）年の東日本大震災をきっかけに避難先や姉妹都市間交流などのあらたなコミュニティが形成されるなど、さまざまな取り組みがなされている。学校教育では地元の地理・歴史・特産物などを学校教育で積極的に触れ知識を伝えていくことが重要である。ボランティアと学校との関係は、近年上位学校への進学や就職に有利であるという面がクローズアップされているが、本来の意義を教室で学び、自己実現の手段として正しい理解が必要である。国際化は教育分野のみならず社会全体の課題となって久しいが、学校教育現場では日本人の帰国子女教育・来日外国人の日本語教育・日本人の外国語教育および国際理解教育などの国際化が必須となっている。情報化については技術面だけではなく、教える側のコンテンツ作り、自律的学習への指導、情報社会の道徳指導が大切である。

　家庭・地域と教育との関係は、近年ますます議論されている問題である。ここでは家族の多様化・問題行動・児童虐待を中心に述べる。少子高齢化・都市部への人口集中などの要因で、家族の形態が多様化し「ひとり親」家庭も増加している。そうしたなか、不登校・いじめ・非行などの問題も深刻であり、教育との関連も深い。問題の解決には家庭だけではなく地域の力も必要になってくる。

　最後に、生涯教育について、学校と社会の連携・シニア世代のニーズ・「学ぶ場」の課題・行政や組織について述べる。生涯教育は学校・地域と深く結び

ついており、とくにシニア世代において自己実現の手段として重要視されている。近年の大学で実験的に行われているCOC事業（センター・オブ・コミュニティ）が今後の生涯教育に方向性を見出すのではないかと期待されている。

第1節　現代社会における教育課題

(1) コミュニティ

コミュニティは元来同じ地域に暮らし、利害をともにし、政治・経済・風俗などにおいて深く結びついている社会を指す。現代ではインターネットの普及によって、地縁関係はないが思想・趣味などでつながるコミュニティも存在する。

日本ではかつて地縁が濃密で、息苦しいほどのコミュニティがそこかしこにあったが、現代のとくに都会では地縁が希薄であり、「東京砂漠」という歌謡曲がすでに1976（昭和51）年に発売されヒットした。コミュニティの希薄は社会的孤立者を増やし、社会問題化している。実際に社会的孤立者は少子高齢化社会ともリンクしており、育児の相談相手がいない家庭・独居老人・孤独死などは日常的な問題となっている。

そこで、あらたなコミュニティを作ろうとする動きも出てきた。慶應義塾大学の金子郁容グループの研究によると「コミュニティ科学がbe（あるもの）の要素だけでなく、do（するもの）の要素、すなわちコミュニティが社会的課題を解決するための方法として機能する」という。金子グループは2008（平成20）年に東京都奥多摩町で「遠隔予防医療実験」を行った。過疎高齢化した奥多摩町の集会所にテレビ電話を設置し医師とのやり取りを行った結果、治療上で劇的な好変があったという。集会所に集まることで日常的なコミュニケーションが生じ、お互いに関心や信頼感が醸成していくうちに、社会イノベーションが進展していった例である。

また、大きな災害や震災をきっかけにコミュニティの大切さが実感されたことも記憶に新しい。震災によって既存のコミュニティは物理的精神的に崩壊したところが多いが、復興を成し遂げていく過程で避難先や姉妹都市間交流など

のあらたなコミュニティが出現した。

　現代日本は若年層の都市集中化が進み、地方との格差が広がっている。都市には都市型のコミュニティが、地方には地方型のコミュニティが創生され機能していくためには、まず自分の居住する地域を知るということから始めるべきであろう。地元の地理・歴史・特産物などを学校教育で積極的に触れ、新規居住者にはパンフレットを配布するなどが必要だと考える。と同時に、祭やイベントへの参加を呼びかけ、顔見知りを増やしていくことも重要である。

（2）ボランティア

　欧米では学校制度のなかにボランティア活動が組み込まれており、非常に広範なボランティア活動が展開されている。

　東洋にも仏教の喜捨と陰徳という考え方があり、江戸時代には公共施設を豪商らが率先して建設するなどの行動がみられる。日本にはまた五人組から始まり町内会・自治会・消防団などの地縁的ボランティア組織や民生員制度など学識経験者によるボランティアがあるが、町内会の不参加率の増加や消防団に登録する若者の減少などにより、活動の縮小が各地で問題化されている。

　ボランティア先進国であるアメリカでは地域連携型ボランティアの歴史が長く、ボーイスカウト・ガールスカウト・4H クラブ（Head 頭・Heart 心・Hands 手・Health 健康の略称で農業・農村支援）などがあり、政府側からもボランティア活動への支援を行っていた。

　日本にボランティアという言葉が普及したのは 1980 年代であり、ボランティアの定義は一般的に自発性・無償性・公共性といわれる。ゆえに、宗教的な奉仕やチャリティとは一線を画している。

　近年、中高生の上位学校受験や大学生の就職活動のためにボランティア活動に参加するというケースが増えている。もちろん、きっかけは受験や就活であろうともボランティア活動を体験することで社会の一面を知り自分の能力を自覚する、という側面はある。しかし、なかにはボランティア活動をした自分に陶酔する者もおり、1995（平成 7）年に発生した阪神・淡路大震災では被災地へ出向き、貴重な飲食料を消費するなど観光気分でやってきた「自称ボランティ

ア」が問題視された。東日本大震災ではこの教訓から迷惑行為は減少したが、放射能の影響などにより現地へ駆けつけたボランティアは不足したという。

このように、ボランティア活動は社会に必要なものであるが、その意義や自分のできる範囲を把握し、出向く先の迷惑にならないようにしていかなければなうない。このような心構えは学校教育の場で話題にしていく必要がある。と同時に、ボランティアは社会とコミットできる自己実現が可能なので、どの人もボランティア活動を行うことができ、ボランティアによって相手を助けると同時に相手から受け取るものがある、という視点を教育現場で確認する必要があろう。

なお、教育現場でボランティア活動をするには、地域との連携が必要であり、カリキュラムライズされたものがより効果的であると考えられている。生徒学生はボランティア体験を考察し、発表し、記録することによって成長が期待できる。

(3) 国 際 化

近年日本では外国籍の生徒や外国人留学生の増加と 2001（平成 13）年から導入された小学校における外国語（主に英語）活動に伴い、国際理解教育が重視されている。しかし、2008（平成 20）年に改訂された学習指導要領によって総合的な学習時間が減少したことで、グローバル教育の前途に黄色信号が点滅した。他方、大学における国際交流も急務であるにもかかわらず、海外への留学希望者の減少傾向や来日留学生とうまく融合できていない現状であることは残念であり、今後の課題とすべきだろう。日本は島国であり、江戸時代に行われていた鎖国政策の影響もあって、外国人に対して消極的な感情があるのはいなめない。しかし、日本が多文化共生社会へと向かうことは間違いないし、増加している定住外国人との関係を構築していかなければならないのが現状である。

学校教育における国際教育のなかに、日本人の帰国子女教育・来日外国人の日本語教育・日本人の外国語教育および国際理解教育がある。帰国子女教育はかつて私立学校で受け入れているだけであるが、近年は帰国子女の増加に伴い「帰国子女枠」を設けて対応する、大学に国際教養学部（学科）のような英語に

よる授業も実施される、など十分とはいえないが対応されてきた。

　外国人への日本語教育は、日本の学校や社会にはやく適合できるように指導することが求められてきた。その結果、母国の言葉や文化を封印するような形態となっていた。現在は教育委員会が外国人を補助指導員として学校を巡回させるなど対応しているが、十分とはいえない。

　日本における外国語教育は、戦後より一貫して英語偏重であった。もちろん英語は国際的に通用度が高いので、英語を学ぶことは必要である。しかし、東アジアに位置する日本は周辺国の言葉の知識も今後必要となっている。現状では受験における外国語はほとんど100％に近いほど英語が選択されており、中学高校で第2外国語として開講されることもいまだ少数である。今後は大学並に外国語のメニューを整え、生徒学生に周辺国の言葉に関心をもってもらう必要があるだろう。そのために、教員の確保・テキストの開発などのハード面と同時に、言葉の背後にある文化を学ぶことが求められる。これが国際文化理解である。

　日本では1951（昭和26）年にユネスコ加盟をきっかけに国際文化理解教育が推進された。1960年代では他国・他民族の理解研究の機運が高まり、多くの被植民地支配国の独立などもあって、国際協力・資源・環境などに関心が集まった。1974（昭和49）年中央教育審議会は「国際社会に生きる日本の育成」を重点施策に掲げた。1985（昭和60）年には臨時教育審議会が第1次答申で、留学生の受け入れ、高等教育機関との交流、語学教育、海外・帰国児童生徒の教育、国際理解教育の検討の必要性を指摘した。1987（昭和62）年の教育課程審議会答申において「国際教育を深め、我が国の文化と伝統を尊重する態度の育成を重視すること」とする教育課程の基準の改善が示され、1989（平成元）年学習指導要領が改訂された。1989（平成元）年の学習指導要領では「国際教育を深め、我が国の文化と伝統を尊重する態度の育成を重視すること」と改訂した。1998（平成10）年の学習指導要領の改訂において「総合的な学習の時間」が新設され、そのなかで情報・環境・健康・福祉とともに国際理解教育が学習課題の例示に含められた。現在は、異文化理解・相互依存関係・グローバルイシュー・共生がキーワードとなって、各校で取り組んでいる。

118　　第Ⅱ部　教育学の諸問題

一方、大学における国際化の現状は、日本への留学生の増加が著しい反面、海外への留学生の減少が問題化している。2000（平成12）年以降、学生だけでなく教職員交流や単位の互換制度などがクローズアップされ、2011（平成23）年・2012（平成24）年には文部科学省が予算を立てて日本・韓国・中国におけるキャンパス・アジアの設立、アセアン諸国大学との大学間交流形成などを行う協働教育などを企画した。

　このような国際文化理解教育は、今後もっと発展していくことが予想される。

(4) 情　報　化

　日本の情報教育は、1970年代初頭に情報処理教育として大学において設置され、初等中等教育にコンピュータが導入されたのは1980年代半ばであった。その後1995（平成7）年にパーソナルコンピュータが一般化され、それに軌を一にして学校教育現場にもコンピュータが積極的に導入されてきた。2000年代には「ミレニアム・プロジェクト」として、2001（平成13）年までに公立小中学校がインターネットに接続でき、教職員全員がコンピュータの活用能力を身につけられるようにすることが目標に掲げられた。2003（平成15）年には高校で「情報」教育が始まり、2006（平成18）年に「IT新改革戦略」、2009（平成21）年に「スクール・ニューディール」構想として電子黒板・デジタルテレビ使用の支援政策、2010年に「新成長戦略」「フューチャースクール推進事業」など、相次いで情報教育の環境が整備されてきた。

　こうしたなか、文部科学省は2010（平成22）年に「教育の情報化に関する手引き」を発表し、そのうち以下の3点を目指すものであるとした。

1．**情報教育**（子どもたちの情報活用能力の育成）
2．**教科でのICT活用**（ICTを効果的に活用したわかりやすい授業）
3．**校務の情報化**（ICTを活用した情報共有、校務の効率化による指導時間の確保、校務の負担軽減等）

　しかし、教育の情報化に対して、現場の教員は戸惑いを感じ、その対応に苦慮しているのが現実である。高校で情報科が導入された時の教員確保問題も、安直に数学科や理科教員に研修を受けさせ教員免許を出すなど、付け焼刃だっ

た。また、ICT・電子黒板などの日進月歩の進化についていくのが精一杯で、十分に使いこなすというレベルに達しているとはいえない。

さらに、情報教育のカリキュラムもいまだ模索状態である。文部科学省は2012（平成24）年に「情報教育の目標」を「①実践力　②科学的な理解　③参画する態度」と発表し、相互に関連づけてバランスよく教えることが重要であるとした。しかし、小学校では情報という科目がなく各教科のなかで工夫する必要があるが、これは教員の力量に頼っているのが現状である。中学校では技術家庭科のなかに「情報に関する技術」単元があるものの、いまだ明確なカリキュラムが作成されていない。高校の情報科では、学習時間の確保こそされているが、受験科目ではないために軽視されがちである。

学校現場における情報教育の倫理道徳面については別項第Ⅱ部第2章第4節を参照されたい。

今後の情報教育に必要なものは、教員へのICTサポートをする人材や場所、カリキュラムの整備、コンテンツの開発とともに生徒学生への道徳面フォローである。

第2節　家庭教育・地域の教育をめぐる課題

（1）家族の多様化

日本では儒教の影響から先祖や年長者を敬うという意識が江戸時代から高く、明治維新後も家を一つの単位としてきた伝統がある。しかし、戦後になると労働人口の大都市集中などの理由から核家族化が進み、晩婚化に伴う出生率の低下が顕著になった。かつての子ども観は、家の存続や親の老後保障といった面が重視されていたが、核家族化の結果「少ない子どもをよりよく育てる」という考え方に変化した。さらに、高度成長期は家庭で「父親不在」という現象が起き、それまでの家族のあり方から大きな変貌を遂げた。

1980年代に「男女雇用均等法」、1990年代に「育児休業法」が施行され、女性の社会的地位が向上してきたことが、家族形態をさらに大きく変貌させる要因となった。すなわち、子どもの養育には専業主婦である母親が主として関わ

っていたが、女性の社会進出に伴い、「鍵っ子」が出現し社会問題視されるようになったのである。とりわけ小学校低学年の生徒の放課後生活に関心が集まり、放課後の学校開放や学童保育システム構築へ動いていった。また、生別死別などのいわゆる「ひとり親」家族も増加し、1990年代は少子化とともにシングル化の対策が取られるようになった。またこの頃から父親の育児参加がクローズアップされ、2000年代では父親の育児休業が議論され、「育メン」が流行語になった。一方、幼児からの早期教育や習い事、私立学校受験熱が盛んになると同時に生活保護申請をするシングル家庭が増加し、格差社会が問題となっている。さらに、グローバル化の一端として定住外国人子女の教育問題も浮上してきた。現在は家族のあり方が多様化しており、それに対処するべく行政が対策をとっているが、完全に対応ができているとはいい難い。

(2) 問題行動──いじめ・不登校・犯罪など

　問題行動を起こす子どもはどの時代にも存在するが、現代では新型の問題行動が起こっている。たとえば、自殺を誘発するほどのいじめや、理由の不明な不登校、未曽有の重大な犯罪などである。これらの背景にはネット普及などの社会的要因もあるだろうが、親の養育に対する抵抗という側面もあるのではないだろうか。

　戦前の問題行動を起こす子ども家庭は、ひとり親家庭や貧困家庭が多くを占めていた。しかし、現代では裕福な家庭の子どもでも非行や引きこもりを起こしている。これは、金銭的な不充足感だけではなく、親からの愛情の不充足感も理由の一つとして考えられるだろう。この背景には「いい学校へ入って、いい会社に就職する」「勝ち組」などの歪んだ親の価値観がある。親の価値観に沿った成績を取れば賞賛され、それができなければ愛情を失うという世界観ができてしまえば、本来もっている生きる力が備わりにくく、自己否定によってやる気を失うことは想像に難くない。2006（平成18）年法務総合研究所の調査によると、非行少年の不満のなかで家族への不満は「親が自分を理解してくれない（43.8％）」がもっとも多かった。また、友人に対しては「互いに心を打ち明けあうことができない（52.5％）」となっており、他者の承認が得られない状

態によって不安定な状態になっていると考えられる。また、以前には考えられなかった問題にいじめの陰湿化、不登校（引きこもり）、非典型的な犯罪があげられる。これらの背景には、家庭でのしつけがあると指摘されている。1993（平成5）年に政府が行った調査では「最近は家庭のしつけなど教育する力が低下している」と思う人は7割を超え、その理由は

①過保護・甘やかし・過干渉

②しつけや教育に無関心な親の増加

③学校や塾など外部の教育機関に対するしつけや教育の依存

④親子がふれあい、共に行動する機会の不足

⑤子どもに対するしつけや教育に自信がもてない親の増加（複数回答）

といったことがあげられている。これを受けて政府は「家庭責任論」「心の教育」を提唱した。しかし、戦前のような血縁地縁が濃い時代とは異なり、育児不安を常に抱える孤独な母親や、フルタイム労働者として社会的活動をしている母親にとって、どのようにしつけるのかは永遠の課題といえる。しつけにはマニュアルがなく、自分の価値観で模索していくしかないのだ。政府が提唱する「早寝早起き朝ごはん」というスローガンは乳幼児にしか対象にならない。

　痛ましい事件事故が報道される度に家庭教育が議論されているが、「言うは易く行うは難し」である。家庭教育は学校や地域と連携して行うべき、重要なテーマである。また、地域で行える問題行動の防止策としては、登下校時や夜間の見守りがある。

(3) 児 童 虐 待

　前述の「問題行動」とも関連するが、児童虐待もまた急に出現したのではなく古くからある課題である。ただし、虐待という言葉ではなく、折檻・体罰・育児放棄といった言い方をしていた。1990年ごろより児童虐待という言葉がメディアに多く登場し、児童相談所でも児童虐待の結果入所している児童が多いことを公表、徐々に人口に膾炙していった。2000（平成12）年に施行された「児童虐待防止等に関する法律」には虐待は人権侵害であり、身体的虐待・性的虐待・ネグレクト・心理的虐待の4種類に分類すると明言している。1990（平

成2)年以降の統計では、被虐待児童の8割が小学生以下であり、死亡者の8割が3歳以下であった。このように、児童虐待が社会問題化されると同時に、児童虐待の連鎖や孤立家庭などの問題も浮上した。この問題の背景には急速な核家族化に伴う育児文化継承の低下、地域との断絶などが考えられる。一方、虐待の原因には保護者由来（若年の妊娠・精神不安・精神障害・ストレスなど）や子ども由来（乳幼児・障害児・リスク児）あるいは養育環境由来（単親家庭・再婚家庭・孤立家庭・貧困・家庭不和・DV）があり、できるだけ周囲がサポートしていくことが重要である。また、虐待をしてしまった親が「しつけの一環だった」などと供述するのを報道で見聞するが、身体的危機にある場合とっさに手を叩くなどの事はありうるが、自分の感情を暴力で表現する、罰として食事を与えないなどの育児態度は決してしつけではないことを、社会全体で共有する必要がある。

　児童虐待は主として相談と通報により発覚するが、地域による虐待通報が有効である場合も多い。今後の虐待防止は家庭内だけでなく地域とのかかわりも必要となってくる。

第3節　生涯教育をめぐる課題

（1）学校と社会との連携

　戦後の教育改革によって学校教育と社会教育とを両輪とする教育法制度が整備され、地域に根差した学校づくり、行政から独立した地域社会における社会教育関係団体が形成されていった。例をあげると、PTA・青年団・婦人会などである。

　1970年代に入ると「学社連携」という考え方が主流となる。これは高度経済成長などの社会の変化と、生徒指導のため教員の負担増とがあいまって、教職員と地域との関係が希薄化していったことが原因である。ゆえに「学社連携」の実践として「青年の家」などの箱物が全国的に企画整備されていった。

　1980年代には「生涯学習体系への移行」を基本方針として打ち出し、これより学校教育・社会教育・生涯学習体系の融合が模索されるようになった。

第4章　新しい教育課題　　123

1990年代では96（平成8）年に「ゆとり教育」・学校5日制導入を決め、1998（平成10）年の新学習指導要領で「総合的な学習の時間」が盛り込まれた。

2000年代ではグローバル化を意識して「たくましい日本人」「豊かな心」の形成が教育課題とされ、その目標達成の手段として奉仕体験・自然体験が重視されるようになった。2006（平成18）年に教育基本法改正が行われ、第10条「家庭教育」、第13条「学校、家庭及び地域住民等の相互の連携協力」があらたに加わった。これにより、地方公共団体は保護者に対する学習の機会・情報の提供や支援を打ち出し、学校・家庭・地域は相互の連携や協力に努めることが求められるようになった。しかし、平成の大合併により自治体数が減少した結果、社会教育体制の弱体化が問題になっている。たとえば、一部自治体では学童保育の民間運営が行われ、自治体間に格差が生じている。さらに、ゆとり教育の批判から学力向上路線に転換した結果、学校と社会との関係が希薄化してきた面がある。

このような問題があるものの、学校と社会が連携して子どもを育成していくというシステムは工夫し持続していかねばならない課題である。従来、学校と社会との連携といえば学校の施設開放であろう。この考え方は1940年代アメリカで提唱された「コミュニティ・スクール」が基になっており、1950年代から東京都で始まり、さまざまな地域で独自の活動が行われてきた。2000（平成12）年からは学校評議員が制度化され、外部評価によって学校の閉塞性打破が期待されている。

さらに、地域とのかかわりとして警察OBによる「スクールサポーター」を始め自治会・老人クラブなどによる見守り隊、園庭整備のボランティアなどが結成されており、総合的な学習時間に地域や保護者から講師を招くなどの活動が行われている。学校外の連携としては公民館などでの社会教育施設があげられる。

2013（平成25）年からは文部科学省がCOC事業に補助金をつけ、大学と地域社会との連携モデルを策定することとなった。COC事業は「地（知）の拠点整備事業」と銘打たれ、大学と自治体などの地域社会との連携を強め、地域志向の教育・研究・社会貢献を支援し、地域コミュニティの中核的存在としての

機能強化を図るために設けられた。パイロット的な大学の取り組みをもとに、各大学の個性を生かした企画が多数創設され、今後の生涯教育へあらたな視点が提供されるのではないかと期待されている。

(2) シニア世代のニーズ

2007（平成19）年に団塊の世代が満60歳になり、定年退職者が一気に増加するという「2007年問題」が話題になった。実際には定年を延長して65歳まで就労したり再就職したりして危機は分散されたようである。一般に定年退職後のシニア世代は自由な時間が多く、老後の生活を豊かにするためにさまざまな活動を行っている。人気がある分野は、歴史・文学・語学・手芸・料理・運動・パソコンなどで、公的私的機関で多くの講座が実施されている。生涯教育は決してシニア世代だけのものではないが、高齢化社会にあってシニア世代の学習意欲は従来とは比べ物にならないほど高く、生きがいとしての学習ブーム到来といっても過言ではない。学びの場も多様で、講座・イベント・団体・個人・社会貢献・施設活動などがみられる。なかでも費用がほとんどかからないという点から、学校を利用したニーズが高い。社会教育法48条でも、学校における社会教育の講座（文化講座・専門講座・夏期講座・社会学級講座等）の開設について規定しており、主として高校や大学で社会人への多様な学習機会の提供が求められている。

また、生涯教育は学校教育の基盤の上に、生涯を通じて行われるものであり、その場は学校が想定され、社会人を対象とした体系的継続的なリカレント教育（1973年にOECDによって提唱された、いったん社会に出た人が学校に戻り学習を継続するシステム）は非常に大切な教育課題だといえる。現状における学校機関を利用した社会人教育には、高校での専門的な科目や語学・情報の学びが想定され、大学では科目等履修生制度や社会人聴講生制度を利用しての単位取得、図書館などの施設利用がある。また、社会人向けの講座や講演の企画運営、エクステンション講座もさかんに行われている。大学によっては生涯学習センターを設置している。この他には、放送大学や通信制大学・大学院を利用して学位を取得することも可能である。

第4章　新しい教育課題　　125

(3)「学ぶ場」の課題

　社会人が学習・教育活動を保障する場が社会教育施設であり、社会教育活動を推進する目的をもって設置されたものである。その要件は「建物や設備などの物的条件・職員などの人的条件・社会教育に関する学習プログラム、事業、情報などの機能的条件」の3点の条件が統一した独立体である、とされる。また、公共性・専門性・計画性も必要である。このような要件を備えたものに以下の施設がある。

①公　民　館

　地域住民を対象に全国に14,700館があり、職員は46,000人（うち25％が専任職員）を有する（平成23年度）。その歴史は戦後から始まり、「常時に町村民が打ち集まって談論し、読書し、生活上産業上の指導を受けお互いの交友を深める場所」と規定された。主な事業は6つ（定期講座の開設、討論会・講習会・講演会・実習会・展示会の開催、図書・記録・模型・資料を備え利用を図る、体育・リクリエーションの集会を開催、各種団体・機関との連絡、住民の集会や公共的利用に供する）であり、2003（平成15）年に改正された社会教育法では「学校・社会教育施設・関連団体・NPOなどと共同する、学習の機会や情報の提供、ボランティア養成の研修、夜間開館、自己点検評価の公表」が付け加えられた。

②図　書　館

　図書・雑誌・新聞・パンフレット・CD・DVDなどの資料を収集、整理、保存して閲覧貸出を供する施設である。利用者は乳児から高齢者まで幅広く、公立図書館と私立図書館（多くは大学図書館）がある。全国の公共図書館は3,234館、専任職員は11,652人（司書資格所有者は5割）である。なお、大学図書館は1,679館である（平成24年度）。

　図書館のサービスとして、1950（昭和25）年に制定された図書館法では開架サービス、移動図書館、レファレンスサービスが謳われていたが、現在は児童・青少年サービス、高齢者サービス、障がい者サービス、在留外国人サービスがあり、今後は地域課題解決支援サービス（行政支援、学校教育支援、子育て支援、ビジネス支援、法律情報医療情報提供）が期待されている。

③博　物　館

　博物館とは、博物館法第2条の規定によると「歴史、芸術、民俗、産業、自然科学等に関する資料を収集し、保管（育成を含む。以下同じ。）し、展示して教育的配慮の下に一般公衆の利用に供し、その教養、調査研究、レクリエーション等に資するために必要な事業を行い、あわせてこれらの資料に関する調査研究をすることを目的とする（以下、省略）」とされている。全国の博物館は5,747館、職員は約40,000人（学芸員は6,786人）となっている（平成20年度）。博物館は行政の財務縮小の影響を受け徐々に減ってきているという問題点とともに、登録を受けない私設博物館が多いという問題がある。

（4）生涯学習行政・組織

　1998（平成10）年に文部科学省生涯学習審議会が答申した「社会の変化に対応した今後の社会教育行政の在り方について」による以下のポイントが今後の課題とされている。

　とくに、最後の「学習支援サービスの多様化」にはマルチメディアの活用が謳われており、現代的な課題を意識していることがわかる。

表Ⅱ-4-1　社会教育行政を巡るあらたな状況と今後の方向

地域住民の多様化・高度化する学習ニーズへの対応
生涯学習社会の構築に向けた社会教育行政
地域社会及び家庭の変化への対応
地方分権・規制緩和の推進
民間の諸活動の活発化への対応

表Ⅱ-4-2　社会教育行政の今後の展開

地方分権と住民参加の推進
地域の特性に応じた社会教育行政の展開
生涯学習社会におけるネットワーク型行政の推進
学習支援サービスの多様化

①国の生涯学習組織

　文部科学省設置法第1条で、文部科学省の設置並びに任務およびこれを達成するため必要となる明確な範囲の所掌事務を定めるとともに、その所掌する行政事務を能率的に遂行するため必要な組織を定めるとし、第3条で「文部科学省は、教育の振興及び生涯学習の推進を中核とした豊かな人間性を備えた創造的な人材の育成、学術、スポーツ及び文化の振興並びに科学技術の総合的な振興を図るとともに、宗教に関す

る行政事務を適切に行うことを任務とする」としている。

②地方公共団体の生涯学習組織

「地方教育行政の組織及び運営に関する法律」第1条で「教育委員会の設置、学校その他の教育機関の職員の身分取扱その他地方公共団体における教育行政の組織及び運営の基本を定めることを目的とする」とあり、第18条で「教育委員会の権限に属する事務を処理させるため、教育委員会に事務局を置く。教育委員会の事務局の内部組織は、教育委員会規則で定める」、さらに第19条では具体的な組織に言及している。第23条では人事、研修、青少年教育、女性教育、公民館、社会教育、スポーツ、文化財の保護、ユネスコ活動と続き、第30条で学校、図書館、博物館、公民館、研修、保健福利厚生に言及している。

生涯学習の理念は教育基本法第3条で位置づけられ、この理念は1990（平成2）年に制定された「生涯学習の振興のための施策の推進体制等の整備に関する法律（生涯学習振興法）」が事実上の実態を規定している。同法第1条では「国民が生涯にわたって学習する機会があまねく求められている状況にかんがみ、生涯学習の振興に資するための都道府県の事業に関しその推進体制の整備その他の必要な事項を定め、及び特定の地区において生涯学習に係る機会の総合的な提供を促進するための措置について定めるとともに、都道府県生涯学習審議会の事務について定める等の措置を講ずることにより、生涯学習の振興のための施策の推進体制及び地域における生涯学習に係る機会の整備を図り、もって生涯学習の振興に寄与することを目的とする」としている。

以上、新しい教育課題として社会においてはコミュニティ・ボランティア・国際化・情報化をキーワードとし、家庭・地域では家族の多様化・問題行動・児童虐待を取り上げ、生涯教育として学社連携・ニーズ・学ぶ場・行政について述べた。これらのなかにはいわゆる「古くて新しい課題」もあれば、「想定外の課題」もある。しかし、教育は義務教育や若年層教育にとどまらず、家庭・地域・社会という空間的な範囲を対象とするとともに、社会人教育や生涯教育という時間的な範囲をもカバーしていく必要がある。そのためには、個人が「何を学ぶか」という意識を高め、それが「どこで学べるか」という情報を行政が提供し、それらを実現するという理想をもつことが重要である。教育は

人格形成における基本中の基本であることを再認識し、今後発生すると予想される諸問題に対し、より良い解決が図られることを願ってやまない。

(池間　里代子)

【引用・参考文献】

村田翼夫・山田学『現代日本の教育課題　21世紀の方向性を探る』東信社、2013年
瀬沼克彰『地域をひらく生涯学習　社会参加から創造へ』日本地域社会研究所、2014年
住田正樹『家庭教育論』放送大学教材 1528866-1-1211(ラジオ)、2012年
末本誠・松田武雄『新版　生涯学習と地域社会教育』春風社、2004年
伊藤俊夫　他『新訂　生涯学習概論』ぎょうせい、平成22年

【執筆者紹介】（執筆順）

藤原　政行（ふじわら　まさゆき）：編者、第Ⅰ部第1章第1・2・3・4節、第3章第1節、第4章
第1・2・3節
日本大学生物資源科学部　教授

永塚　史孝（ながつか　ふみたか）：第Ⅰ部第2章第1・3・4節、第3章第2節
日本大学国際関係学部　教授

雨宮　久美（あめみや　くみ）：第Ⅰ部第2章2・5節
日本大学生物資源科学部、理工学部、短期大学部　講師

池間　里代子（いけま　りよこ）：第Ⅰ部第3章第3節 (1) (2)、第Ⅱ部第4章第1・2・3節
十文字学園女子大学　教授

宮崎　智絵（みやざき　ちえ）：第Ⅰ部第3章第3節 (3)、第Ⅱ部第2章第1・2・3節、第3章第1・2節
日本大学理工学部、立正大学文学部　講師

長谷川　千恵美（はせがわ　ちえみ）：第Ⅱ部第1章第1・2・3節、第3章第3節
日本大学文理学部　講師

事 項 索 引

＊あ　行

アストラル体　31
新しい学力観　78
生きる力　12, 79
インクルーシブ教育システム　110
インクルージョン　110
エーテル体　31
『エミール』　20
落ちこぼれを作らないための初等中等教育法　44
恩物　25

＊か　行

外国語活動　80
改正教育令　3
学習指導要領　12
学制　2
学徒勤労令　8
隠れたカリキュラム　72
数、形、言語　23
学校管理規則　67
学校給食法　42
学校教育法　9, 35, 42
学校設置の義務　41
学校保健安全法　42
家庭教育　120
身体の健康　17
カリキュラム　70
管理　26
義務教育学校　85
9年一貫課程綱要草案　57
教育委員　65
教育委員会事務局　67
教育委員会制度　65
教育課程　70
教育課程審議会（教課審）　10
教育基本法　9, 12, 35, 39
教育刷新委員会　9
教育刷新評議会　7
教育職員　103
教育職員免許法　99
教育審議会　7

教育内容の現代化　78
教育に関する勅語（教育勅語）　4
教育二法（「義務教育諸学校における教育の政治的中立に関する法律」「教育公務員特例法の一部を改正する法律」）　10
教育の機会均等　41
教育扶助　42
教育保障の義務　41
教育令　3
教育を受ける権利　40
教員免許更新制　101
教員免許制度　99
教科カリキュラム　72
教科書　90
教科書検定　91
教科でのICT活用　119
教師主導型　87
教授　26
グランゼコール　50
訓練　26
経験カリキュラム　73
系統学習法　86
コア・カリキュラム　73
工学的アプローチ　71
高等教育機関　38
高等専門学校　38
高等普通教育　37
公民館　126
校務の情報化　119
広領域カリキュラム　73
国体観念　7
『国体の本義』　7
国民学校令　7
コモン・コア　46
コレージュ　50
今後における学校教育の総合的な拡充整備のための基本的施策について（四六答申）　10
コンピテンシー　80

＊さ　行

ジェントルマンの教育論（紳士教育）　14

131

自然人　19
しつけ　16
指導　65
指導主事　67
シニア世代　125
師範学校令　3
市民性教育　83
『社会契約論』　18
自由　18
就学の義務　40
習慣形成　17
自由教育（新教育）運動　5
自由教育令　3
12 年国民基本教育　57
順良・信愛・威重　4
生涯学習行政　127
生涯教育　123
小学校令　3, 4
消極的教育　20
情報教育　119
情報処理システム　93
助言　65
初等普通教育　36
新日本建設ノ教育方針　8
数学聖旨　3
生活科　79
生活保護法　42
成蹊実務学校　6
成城小学校　6
生徒主役型　88
全国共通カリキュラム　46
戦時教育令　8
専修学校　38
専門教育　37
相関カリキュラム　73
総合的な学習の時間　12, 79

＊た　行

第一次米国教育使節団報告書　9
大学修学能力試験　58
第二次アメリカ教育使節団報告書　10
タブラ・ラサ　15
タブレット（多機能携帯端末）　96
単線型学校制度　35

地域の教育　120
千葉師範付属小学校　6
地方教育行政の組織及び運営に関する法律　10
中央教育審議会（中教審）　9, 10, 64
中学校令　3
中等教育学校　39
中等普通教育　37
直観教授　23
通級による指導　111
帝国小学校　6
帝国大学令　3
デジタル教科書　96
電子黒板　96
ドイツ連邦共和国基本法　52
道徳科　82
道徳心　16
道徳の時間　78
特殊教育　110
特色ある学校づくり　84
特別活動　78
特別支援学級　111
特別支援学校　110
特別支援教育　110
特別な教育ニーズ　110
特別な教科　道徳　82
図書館　126

＊な・は　行

奈良師範付属小学校　6
日本教育制度ニ対スル管理政策　8
日本国憲法　39
日本女子大学豊明小学校　6
日本精神　7
『人間不平等起源論』　19
農民工子弟問題　56
バカロレア　50
博物館　127
「80 年後」義務教育　56
発達障害　110
パフォーマンス課題　84
板書　91
反転授業　89
貧困者の教育　23
貧民教育論　14

複線型学校制度　35
分枝型学校制度　35
法教育　83
法律に定める学校　36

＊ま・や・ら　行
メトーデ　23
問題解決法　87
文部科学省　12, 63
融合カリキュラム　73
幼稚園　24
幼稚園、小学校、中学校、高等学校、盲学校、聾
　　学校及び養護学校の教育課程の基準の改善に
　　ついて
　　　　　12

幼稚園、小学校、中学校及び高等学校の教育課程
　　の改善について　11
羅生門的アプローチ　71
リセ　50
臨時教育会議　5
臨時教育審議会（臨教審）　11
ルーブリック　84
6・3・3・4制　36

ESD　83
ICT（情報通信技術）　97
PISA ショック　55
PISA 調査　80
RDD モデル　72
SBCD モデル　72

人 名 索 引

森有礼　3
ロック　14
ルソー　18
ペスタロッチ　21

フレーベル　24
ヘルバルト　25
デューイ　27
シュタイナー　30

教養としての教育学

2016年4月15日　初版第1刷発行

編著者　藤原　政行

発行者　木村　哲也

印刷　新灯印刷／製本　新灯印刷

発行所　株式会社　北樹出版

〒153-0061　東京都目黒区中目黒1-2-6
URL : http://www.hokuju.jp
電話(03)3715-1525(代表)　FAX(03)5720-1488

© Masayuki Fujiwara 2016, Printed in Japan
ISBN 978-4-7793-0492-7
(落丁・乱丁の場合はお取り替えします)